中国文化小通史 秦汉三国

王春瑜 主编
张涛 袁法周 著

海峡出版发行集团
福建人民出版社

图书在版编目（CIP）数据

中国文化小通史．秦汉三国／张涛，袁法周著．--2版--福州：福建人民出版社，2020.10（2024.4重印）
ISBN 978-7-211-08267-4

Ⅰ.①中… Ⅱ.①张… ②袁… Ⅲ.①文化史—中国—秦汉时代—通俗读物 Ⅳ.①K203－49

中国版本图书馆CIP数据核字（2019）第287516号

中国文化小通史·秦汉三国
ZHONGGUO WENHUA XIAOTONGSHI · QINHAN SANGUO

主　　编：王春瑜
作　　者：张　涛　袁法周
责任编辑：陈斯敏
出版发行：福建人民出版社　　**电　　话：**0591-87533169（发行部）
地　　址：福州市东水路76号　　**邮　　编：**350001
网　　址：http://www.fjpph.com
电子邮箱：fjpph7211@126.com
经　　销：福建新华发行（集团）有限责任公司
印　　刷：福州德安彩色印刷有限公司
地　　址：福州市金山浦上工业区B区42幢
开　　本：787毫米×1092毫米　1/32
字　　数：133千字
印　　张：7.25
版　　次：2020年10月第2版　2024年4月第2次印刷
书　　号：ISBN 978-7-211-08267-4
定　　价：25.00元

目　录

第一章　农　耕

公元前 221 年，秦王嬴政翦灭六国，建立了中国历史上第一个中央集权的封建专制主义王朝，自称始皇帝。在农业政策上，秦朝延续了商鞅变法以来“重农抑商”的政策，大力发展封建经济。前 219 年，秦始皇在琅琊刻石上写道：“皇帝之功，勤劳本事。上农除末，黔首是富。”“上农”就是尚农、重农，鼓励农业、手工业的发展；“除末”是指打击抑制商业及与农业生产无关的活动。“上农除末”成为秦朝最基本的农业政策。前 216 年，秦始皇宣布“使黔首自实田”，允许私人自行开垦土地，封建土地私有制得以确立。秦王朝还采取了兴修水利、拓疆移民、保护耕牛等措施，使农业得到了进一步的发展。然而，由于秦朝统治者的穷奢极欲、横征暴敛，一系列重农措施并未得到持续有效的实施。秦王朝虽然提倡“民无二事”，要求“安静毋苛……善度民力，劳以率之”，却又推行“家不积粟”的政策，将农民手中的粮食收归国家藏储，农民受到严重的剥削。同时，秦朝农民承担的徭役“二十倍于古”，北击匈奴、南征百越、修筑长城、营造阿房宫、兴建骊山陵等等需要征发大量劳力，动辄几十万人、上百万人，农业生产受到严重阻碍与破坏。前209年，秦末农民起义全面爆发，两年后秦朝灭亡。

经过五年的楚汉战争，前202年，刘邦在定陶称帝，不久迁都长安，建立了西汉政权。鉴于秦亡的教训与社会经济凋敝的现状，刘邦采取“以有功劳行田宅”“复故爵田宅”的办法，按照军功爵级赐予田宅，军功显赫者成为军功地主，复员士兵中的大部分成为自耕农，他们获得土地，不承担赋役。此外，流亡在外的人们也相继回到故里务农。农业生产所需劳动力得到保障，生产积极性提高。刘邦还恢复大批奴婢为自由民，减轻赋税，奖励人口生殖。与秦朝的重农、重战的过激性重农政策不同，刘邦重新确立的“重农抑商”的农业政策，确保了劳动力与土地有效结合，农民休养生息又能得到一定好处。继刘邦之后的惠帝、文帝、景帝等几位统治者，以黄老的“无为而治”为指导思想，推行“与民休息”的统治政策，重农贵粟，轻徭薄赋，崇尚勤俭，农业得到了迅速的发展，出现了“文景之治”，“国家无事，非遇水旱之灾，民则人给家足，都鄙廪庾皆满，而府库余货财。京师之钱累巨万，贯朽而不可校。太仓之粟陈陈相因，充溢露积于外，至腐败不可食”，为西汉中期农业的繁荣奠定了坚实的基础。西汉中期，汉武帝实行了“限田制”、“告缗令”、迁徙富豪等一系列措施，抑制土地兼并，加强了封建中央集权。然而，由于汉武帝外事征伐，内兴功利，赋税徭役日渐沉重，官僚贵族地主与农民之间的矛盾日益尖锐，到汉武帝后期社会危机加重，不得不采取了一些缓和措施。前89年，汉武帝下诏“禁苛暴，止擅赋，力本农”，推行富农政策，推广“代田之法”，促进农业生产，社会矛盾得到暂时缓解。

西汉后期，宦官外戚专权，土地兼并严重，社会危机加剧。8年，王莽代汉自立，改国号为新，并制定了一系列的“改制”政策。9年，王莽宣布实行王田制，试图通过取消土地私有制来消除土地兼并现象。由于“改制”开历史倒车而不得人心，导致社会混乱，民不聊生，爆发了赤眉、绿林起义，最终促使新莽政权覆灭。25年，刘秀建立东汉政权。光武帝刘秀为稳固封建地主政权，采取了一些恢复农业生产、安定社会秩序的措施：招抚贼盗，解放奴婢，减轻刑法，躬修节俭，精兵简政，对全国土地进行登记、核查。从光武帝到汉和帝约八十年间，社会趋于安定，农业生产特别是豪强地主控制下的田庄经济发展迅速，东汉社会政治、经济发展进入全盛时期。东汉后期，统治阶级日益腐败，政治昏暗，豪强地主势力急剧膨胀，对农民的剥削压迫加剧，自然灾害严重，导致了统治阶级内部分裂和黄巾大起义爆发，东汉最终走向灭亡。

三国时期，出现了诸侯割据混战的局面。出于备战和巩固割据政权的需要，魏、蜀、吴三方统治者都很重视农业生产。196年，曹操实行屯田制，并于200年颁布了新的赋税制度——租调制，从而为曹魏政权立足中原奠定了坚实的经济基础。屯田制也相继在蜀国和吴国推行。诸葛亮治蜀期间注重兴修水利，管理盐铁与农战器械的生产制造，促进了当地农业的发展。

总而言之，秦汉三国时期，中国传统旱作农业定型并得到发展，逐渐从以前的原始粗耕转入精耕细作阶段，确立了以农业为主体的国民经济体系，农业生产水平达到了前所未有的高度。

一、垦殖区域的扩大

秦汉以前，由于春秋战国时期诸侯长期混战而导致农业区域狭小分散，农业生产与发展极不平衡。秦汉时期，随着全国大一统局面的形成以及农业耕种技术的提高和水利工程的兴建，农业垦殖区域迅速扩大。据《史记·货殖列传》记载，全国有山东、山西、江南和龙门、碣石以北四大经济区域，即以“三河”为中心包括齐鲁地区在内的华北平原和关中、巴蜀的农业区，以及龙门、碣石以北和西部边区为主的牧区或半农半牧区。

1. 以“三河”为中心包括齐鲁地区在内的华北平原和关中、巴蜀的农业区

以“三河”为中心包括齐鲁地区在内的华北平原和关中的农业区位于黄河中下游。“三河”，即汉代的河内、河东、河南三郡，相当于今河南北部、中部及山西南部地区。《史记·货殖列传》记载道：“昔唐人都河东，殷人都河内，周人都河南。夫三河在天下之中，若鼎足，王者所更居也，建国各数百千岁，土地小狭，民人众，都国诸侯所聚会。”“三河”地区富庶的历史由来已久，到了秦汉时期已经成为著名的农业区。然而，在春秋战国时期，黄河中下游还存有大片的荒地，除“三河”之外，垦殖区域开发的前景很大。进入秦汉时期，大量的荒地被开垦为良田。秦始皇统一全国后，实施了大规模的移民计划。前221年，“徙天下富豪于咸阳十二万户”。前219年，“徙黔首三万户琅琊台下”，免除十二年徭役。前212年，“徙三万家丽邑，五万家云阳”，免除十年徭役。前211年，“迁北河、榆中三万家，拜爵一级”。秦始皇在十余年间向山东诸城、陕西临潼和淳化以及内蒙古一带迁移了大量边民，强化了专制的中央集权统治，同时开垦了大片荒地，促进了当地农业的发展。前214年，蒙恬北逐匈奴，在河套地区设置四十四县，迁往了大批移民，从而开辟了北假（今内蒙古河套以北、阴山以南夹山带河地区）、新秦（又

称新秦中，今内蒙古河套及其以南地区）农业区，汉代时这一地区已经成为丰饶垦殖之地。到了汉代，移民实边和军屯政策继续实行，边疆农业得到了飞速发展，黄河中下游一带也形成了富饶的关中农业区和山东农业区。关中“自汧、雍以东至河、华，膏壤沃野千里，自虞夏之贡以为上田……故其民犹有先王之遗风，好稼穑，殖五谷……故关中之地，于天下三分之一，而人众不过什三；然量其富，什居其六”。关中农业区位于今陕西省渭河盆地，即泾渭中下游区域，古称四塞之地，堪称中国文化的发祥地。自周至秦以来，关中地区河渠纵横，沃野千里，秦汉相继建都于此。“去三河之地……都泾渭之南，此所谓天下陆海之地……又有秔稻梨栗桑麻竹箭之饶，土宜姜芋，水多蛙鱼，贫者得以人给家足，无饥寒之忧，故酆镐之间号为土膏，其贾亩一金。”可知，关中是当时全国最为富庶的政治经济文化中心。山东农业区是指崤山以东至齐鲁滨海广大地区，东临大海，西连关中，北达燕赵，南抵江淮，是全国最大的粮食生产与输出基地。其中以齐鲁地区最为富庶，“齐带山海，膏壤千里，宜桑麻，人民多文采布帛鱼盐”，“邹、鲁滨洙、泗，犹有周公遗风……颇有桑麻之业，无林泽之饶。地小人众”。相对而言，齐地的农业水平要高于鲁地。此外，梁、宋之地也属于山东农业区，“其俗犹有先王遗风……好稼穑，虽无山川之饶，能恶衣食，致其蓄藏”，农业颇为发达。

巴蜀是黄河以南农业最为发达的区域。战国秦昭王时，蜀郡太守李冰修筑了都江堰，成都平原从此沃野千里，成为秦国重要的粮仓。秦汉时期，在蜀郡周边又增设了广汉郡和犍为郡，包括原来的巴郡，形成了著名的巴蜀农业区。“巴蜀亦沃野，地饶卮（栀子）、姜、丹砂、石、铜、铁、竹、木之器……栈道千里，无所不通”，可谓天府之国。汉武帝时开通了褒斜道，加强了同关中地区的联系。每当关中地区缺粮或山东地区遭受河患水灾时，巴蜀就成为重要的粮食输出和安置饥民的理想之地。

2. 龙门、碣石以北和西部边区为主的牧区或半农半牧区

龙门（今陕西韩城东北）、碣石（今河北昌黎）以北包括西北边区是一个比较特殊的农业区。这一地区不仅包括燕地和赵地的北部，沿长城内侧，从碣石到龙门，还包括陇西、北地、上郡、五原、朔方、云中、西河、河西诸郡在内的广大西北地区。游牧业与农业交错发展是西北农业区的显著特点。汉武帝时期推行移民实边政策，“初置张掖、酒泉郡，而上郡、朔方、西河、河西开官田，斥塞卒六十万人戍田之”。这一地区原为匈奴所控制，游牧业发达。汉武帝北逐匈奴后，坚持军屯与民屯，山东地区遭受水灾时，往朔方以南新秦迁徙了七十余万贫民。汉武帝还大兴水利，“朔方、西河、河西、酒泉皆引河及川谷以

溉田”，河套一带的西北部地区农业经济比重有了很大的提高。龙门、碣石以北的燕赵之地地理条件比较复杂，西连山区，中部为东北平原和华北平原接壤，东临渤海，牧业、林业和农业各占有一定的比重，有所谓的“鱼盐枣栗之饶”。西汉时期，渤海太守龚遂劝民农耕，“令口种一树榆，百本薤，五十本葱，一畦韭，家二母彘，五鸡。民有带持刀剑者，使卖剑买牛，卖刀买犊……郡中皆有畜积，吏民皆富贵”，当地农业生产得到了很大的发展，农业比重逐渐增加。到东汉末年，燕赵之地“谷宜五种”，多有粮食出产，袁绍用兵所征军粮多靠这一地区的供给。综观秦汉时期的龙门、碣石以北和西部边区农业区，是一个大规模发展、农业比重逐渐增加的半牧半农区。

除了上述几大主要农业区之外，黄河流域以南的江南地区主要还有楚越农业区和岭南农业区。这两个农业区主要是水田耕作，地理环境比较特殊，进入农业发达阶段的时间较晚。与北方旱作农业的耕作方式不同，楚越和岭南地区“地广人希，饭稻羹鱼，或火耕而水耨，果隋（瓜果）蠃（田螺）蛤（蛤蜊），不待贾而足，地埶（艺，种植）饶食，无饥馑之患……无冻饿之人，亦无千金之家”，稻作农业比较发达，东汉以后成为全国比较重要的农业经济区。

二、耕作工具及技术的进步

耕作工具和耕作方法的革新与推广是秦汉三国时期农业生产技术进步最显著的标志。秦汉三国时期，传统农业的生产耕作工具得到了改良与发展，特别是铁制农具的广泛使用以及牛耕的普遍推广。耕作方法方面则是“代田法”“区田法”及其他耕作技术的出现与实施。

1. 铁制农具的广泛使用及其他农具

秦汉三国时期，农具在耕翻、播种、中耕、收获等方面有了很大的发展，铁制农具广泛使用。西汉时期，随着垦殖区域的扩大，铁制农具迅速推广到中原之外的很多地区，今辽宁、内蒙古、山东、湖南、四川、云南、贵州、甘肃、新疆等地都出土过西汉时期的铁制农具。铁制农具在汉代农业生产中充当了非常重要的角色。《盐铁论·水旱》记载道：“农，天下之大业也；铁器，民之大用也。”西汉时期，铁制农具品种逐渐增多，主要有钱、镈、耜、铫、镰、铲、锄、钁、铚、铧、椎、臿等等，其中铁犁铧的革新与推广最能代表当时农业工具的发展水平。犁由耒耜演变而来，沿用了耒耜柄部弯曲的特点，不同于耒耜的板平形式，犁的锋部（头部，触地以发土）即犁铧呈锐角或钝角、前低后高，将“V”形铁制犁冠套在犁铧的最前端，入土发土时更加锋利耐用。汉代犁的种类繁多，出现了铁口铧、尖锋双翼铧、舌状梯形铧等等。犁壁的发明是耕犁发展史上的一件大事，山东安丘，河南中牟，陕西西安、咸阳、礼泉等地均出土了汉代犁壁，说明汉代犁壁已经广泛使用。犁壁主要有马鞍形、菱形、瓦形、方形缺角等四种类型，马鞍形壁向两侧翻土，其他三种向一侧翻土。犁壁的形制不同，可适用于各种地形。汉代犁壁的这种因地制宜的特点，标志着犁耕技术走向成熟。西汉时期还出现了巨型犁铧和大型犁铧。1955 年在辽阳三道壕出土的一件巨型犁铧，宽达 42 厘米，可以用来开沟作渠，也有可能是《盐铁论·水旱》中记载的汉武帝时期以来“县官鼓铸铁器，大抵多为大器，务应员程，不给民用”的不实用的“苦恶”铁器。巨型犁铧和大型犁铧在使用时非人力所能拖动，于是用牛拉犁成为一种先进的方法。铁犁铧与牛耕的紧密结合大大提高了农耕水平，使得精耕细作成为可能。西汉时期出现了长辕“二牛抬杠”式的挽犁；到东汉时期又有了进一步的改进，出现了短辕一牛挽犁，便于在小块农田上耕作。东汉时期铁制农具的数量远远超过了西汉，并且不断有新铁制农具出现，如用于铲除杂草的曲柄锄和用于收割的铁制钩镰，而畜拉的铁齿耙可能在当时已经产生。除了上述用于耕翻的犁铧外，还出现了一种比较轻便的播种农具——耧犁（又称耧斗或耧车）。据说汉武帝时期的搜粟都尉赵过发明了这种工具，即在犁上安置一个两足中空通地的耧斗，内盛种子，当牵犁播种时摇动耧斗，种子便从中空的两足中落至土中。赵过的耧犁是“三犁共一牛”，可以同时完成开沟、下种、覆土三道工序，一次下播三行，行距均匀而深浅适度，大大提高了播种速度与质量，“所省佣力过半”，是生产工具的一大进步。

在谷类加工方面，秦汉时期有风扇车、踏碓、水碓和沟槽状磨齿的石磨。到了三国时期，马钧改进了翻车（又名龙骨车），“令儿童转之，而灌水自覆，更入更出，其巧百倍于常”。这种木制灌溉提水机械的出现，大大提高了农田灌溉的效率，节约了人力，有利于农耕的防旱保收。

2. 牛耕的普遍推广

用牛耕代替人力耕作是生产力的巨大进步。春秋战国时期已经出现了牛耕，到了秦汉时期牛耕得到了普遍推广。秦王朝曾鼓励饲养耕牛，并且制定过保护耕牛、严惩盗牛者的法规。湖北云梦睡虎地出土的秦简《法律答问》记载道：“甲盗牛……当完城旦。”可知秦政府有关惩治盗牛的法律十分严酷。西汉初期，耕牛缺少，耕作主要依靠人力。为恢复国民经济、保障农业生产中所需耕畜的繁殖，西汉政府制定了一系列保护耕牛的法规与措施，禁止宰杀耕牛，凡杀牛、盗牛者受重刑，“盗马者死，盗牛者加”，有时甚至因杀牛犯禁而被诛。到汉武帝时期牛耕已经相当普遍，从西部边陲到南越湿地，牛耕越来越受到重视。汉代政府为促进农业生产，一是由政府控制相当数量的耕牛，借给农民使用，或无偿赠给实边屯田的移民；一是通过教育或行政命令的手段推动民间饲养耕牛。三国曹魏时期，开始对使用官牛的民屯者征税。随着耕牛的数量逐渐增多，大量的耕牛配以优良的铁制农具及先进的牛耕技术，农业生产水平得到了迅速提高。汉代出现了“二牛抬杠”的挽犁耕作方法，最为普遍、实用。赵过还发明了二牛三人一组的“耦犁”方式，比起战国以来一家五口的“耕田百亩”，赵过的耕法能达到每人平均耕作 160 亩的水平。东汉以后牛耕更为普及，九真地区（今越南北部）太守任延一改当地“烧草种田”“不知牛耕”的农作状况，推广牛耕，制造铁制农具，从而使“田畴岁岁开广，百姓充给”。汉章帝时期王景任庐江（今安徽庐江西）太守时，“教用犁耕”，极大地促进了当地农业的发展。两汉以来，随着牛耕的普遍推广，中国传统旱作农业的耕作技术逐渐走向成熟。汉代时还用马耕，然而由于马价格昂贵，往往用于军需、运输，马耕难以得到普及。

3. 代田法、区田法及其他耕作技术

汉代出现了比较先进的耕作栽培方法，标志着耕种技术有了很大的提高，最具代表性的是代田法。汉武帝末期，搜粟都尉赵过总结了农民长期积累的生产经验，发明

了代田法。《汉书·食货志》记载道："过能为代田。一亩三甽，岁代处，故曰代田"。赵过在战国垄作制的基础上新增了"岁代处"，即今年种的甽（田沟），明年调换为垄（土埂），每年甽垄互换播种，使地力得以休养。以前的农民采用休耕的方式来恢复地力，即今年耕种过的地，明年停止播种，休养一年或更长的时间后才可再行耕种。这样一来，一块地的耕种率与产量比较低，休耕的办法无法促进农业生产的进一步发展。代田法的发明与实施，彻底改变了一块地不能连年耕作种植的状况。代田法是在一亩田上开出三条深一尺、宽一尺的甽，于是，一亩田被分为六份，三分甽，三分垄，甽垄间隔排列，甽低而垄高。耕作时将作物播撒在甽里，等到幼苗生长出来时，将垄边杂草除去，将垄上泥土逐次翻松锄下，以覆盖甽里的苗根。到了夏天天热时，垄土被削平而作物根系已深。这种新的耕种方法可以使幼苗避免干风吹，确保根部获得充分的水分，而且甽和垄每年互调，土地得到轮番利用，不必完全休耕。代田法配合上新式农具，使得土地每亩产量大幅提高，可增产25％～50％，可谓"用力少而得谷多"，优越性十分明显。代田法一开始在"离宫"里空闲的土地上进行试验，再在公田上试点推广，后来逐渐为各地所普遍采用。代田法的局限性是对农具、畜力的要求比较高，对于缺少新型农具和畜力的贫民来说，代田法难以得到有效实施。

区田法（又称区种法）是一套适宜于旱作地区的耕作技术，较之代田法的范围有所缩小。区田法就是挖区种田，通过精耕细作，集中人力和物力，在小块土地上采用增肥、灌水和加强管理的措施，实现单位面积产量的高额增收。据《氾胜之书》记载，区田法有带状区田法和方田区田法两种。带状区田法由代田法发展而来，要求等距全苗，投资力度大，适合于平原地区。方田区田法挖区成方形，根据土地的肥瘠程度不同和种植的作物不同，方区的大小、深度、区间距有所不同。方田区田法分为三种，“上农夫区”（土地肥沃区），方区方六寸，深六寸，区间距九寸；“中农夫区”（土地较为一般区），方区方九寸，深六寸，区间距二尺；“下农夫区”（土地相对贫瘠区），方区方九寸，深六寸，区间距三尺。方田区田法在深挖方区的同时，要求等距全苗，增肥灌水，精耕细作，从而达到高额丰产。上述两种区田法的共同点都是于区中点播密植农作物，并辅以播种前溲种（将马、牛、羊、猪、麋、鹿等骨锉碎，加雪水煮三沸，熬成骨汁，加入附子——一种热性而有毒的药物，浸渍五天后，掺进蚕矢和羊矢等动物的粪便，调和成稠粥状，天晴日暖后将种子放入浸溲，骨汁起到黏胶作用，附子可以驱杀害虫，动物的粪便能够增肥。经过处理的种子表面裹上了一层特殊原料，成为耐旱、防虫、增产的包衣种子），还有中耕除草、保墒和肥水灌溉。区田法不仅适宜于平地，也可用于山区，“诸山陵近邑高危倾阪及丘城上，皆可为区田”。可以说，区田法的出现标志着汉代农业耕种技术向着有利于施肥灌溉、土地改良和田间管理的精细化趋势发展。东汉明帝曾诏令推行过区田法，曹魏时期的邓艾也曾经试行过。只是区田法要求大量劳动力的投入，最先仅在小面积试验田里试点，如果要推广这种方法，其劳动力的投入难以得到保障。所以，区田法的普及率不高。

除了上述代田法和区田法之外，汉代还出现了一些比较成熟的农业耕作原则与技术。如土壤耕翻原则，《氾胜之书》提出：“凡耕之本，在于趋时，和土”，“得时之和，适地之宜”，即土壤耕翻须赶时令，要在适宜的时节耕作，“以时耕，一而当四”，一年分为三季耕，春天土地解冻二十天内、夏至和秋分适宜耕作。另外，因土耕作十分重要，根据土质不同安排耕作，实现“和土”——使土壤的物理性状达到最佳状态。平摩（将土块摩碎，使土地细软）、蔺（践踏）、复耕（多次耕翻土地）是“和土”的重要措施。以上结合“有雨即耕”，形成了初步的保墒技术（确保适宜种子发芽和作物生长的土壤湿度），无疑有利于旱作农业地区的防旱保收。秦汉时期出现了分期施肥技术，有基肥（播种或移植前施用的肥料）、种肥（播种时以粪拌种）、追肥（农作物生长期间增施肥料）等技术，所用肥料有牲畜、蚕矢、人粪尿等。为保证所需肥料，人居的厕所往往和畜圈连在一起，便于粪便的积贮和发酵熟化。拣粪也是农家肥料的一个补充来源，山东滕州龙阳店出土的汉画像石上就有“走马以粪”的拣粪积粪内容。所以，通过人力施肥来改良和保障土壤的肥力，这较以前是一大进步。另外，播种技术与中耕除草技术的进步往往体现在新式农具的发明和使用上，这里不作赘述。

三、水利工程的兴建

秦汉时期掀起了水利工程建设的高潮，从关中地区到江淮地区及边郡各地，水利灌溉在全国范围内兴起，极大地促进了农业经济在更高、更深层次上的发展。

1. 秦汉以前的主要水利工程

春秋至战国时期，中国已经出现了大型水利灌溉工程。春秋楚庄王时期（前613—前591），令尹孙叔敖主持修建了中国最早的大型水利灌溉工程——芍陂（今安徽寿县南三十公里），“陂有五门，吐纳川流”，将肥水（今东肥河）、泄水（今淠河）、涧水引入芍陂，从而收到了蓄排兼筹的功效。春秋末年，吴王夫差为了攻伐楚国，在太湖西岸凿通了一条沟通太湖与长江的水道——伍堰。前486年，吴国在邗（今扬州西北）筑城，经过射阳湖（今江苏北部里运河和串场河之间）在长江与淮水之间开凿了“邗沟”。前360年，魏国在黄河与圃田泽（今河南中牟西）

之间挖掘了“鸿沟”，引河水南入圃田泽，又引圃田泽之水至大梁。魏文侯时期（前445—前396），邺（今河北临漳）大夫西门豹主持开凿了漳水十二渠，“西门豹即发民凿十二渠，引河水灌民田，田皆溉”。魏襄王时期（前318—前296），邺令史起对漳水十二渠进行了维修与改建。漳水十二渠的兴建使盐碱地变为良田，促进了当地经济的发展。

战国初期，蜀相开明曾开决玉垒山，分引岷江水，使得郫县、成都一带“民得陆处”。秦昭襄王时期（前306—前251），蜀郡太守李冰在此基础上主持兴建了中国历史上最著名的水利工程——都江堰，在今四川灌县西北的岷江江心，用竹笼装卵石筑成鱼嘴状的分水工程，下接金刚堤，将汹涌的岷江水分为外江（检江）和内江（郫江）两支。外江属于岷江正流，春耕时节的水量占60%，其下游灌溉渠道较多，兼有排洪功能。内江是人工开凿的渠道，凿穿玉垒山后，辟为走马河、蒲阳河、柏条河，引入成都平原。在都江堰附近还兴建了平水漕、飞沙堰等工程，当洪水季节来临时，内江水超过了灌溉所需的水量，过量的洪水和泥沙会自动泄入外江，以保障内江灌溉区的安全。都江堰是集防洪、灌溉、分配洪枯季节流量为一体的综合性系统水利工程，其内、外江灌溉总面积曾达三百余万亩。新中国成立后经过维修扩建，灌溉总面积达到了八百余万亩，至今发挥着重要的作用。

战国末年，韩国派水工郑国劝说秦王嬴政在关中平原上兴修工程浩大的渠道，企图消耗秦国国力，使之无法侵吞韩国。前246年，秦王嬴政采纳了水工郑国的建议，开始开凿，名为郑国渠。郑国渠开凿到中途时，秦王嬴政发觉了韩国的阴谋，欲杀掉水工郑国。水工郑国承认自己是韩国派来的间谍，但又非常中肯地分析道：郑国渠一旦建成，则“关中为沃野，无凶年，秦以富强，卒并诸侯”，对秦国实际上是非常有利的。于是，秦王嬴政继续修建郑国渠。韩国拙劣的阴谋不但没有拖垮秦国，反而使秦国关中地区成为沃野，更为富庶。郑国渠从中山西瓠口（今陕西泾阳西北）沿西北向东南的倾斜地势，引泾水东流到浊水（今三原北），利用浊水及石川河水道流经今富平、蒲城南，注入洛水。郑国渠全长约150公里，建成后“溉泽卤之地四万余顷（约280万亩）”，从此两岸变成了“收皆亩一钟（约六石四斗）”的良田。

2. 秦汉三国时期的主要水利工程

秦朝统一全国后，水利工程的建设并未受到重视。只是出于保障粮草转运以南定岭南的军事目的，秦始皇派史禄修建了著名的水利工程——灵渠（在今广西兴安），全长34公里，沟通了湘水和漓水。灵渠在当时具有重要的军事战略意义，在后世则发挥了积极的水利灌溉作用。

西汉之初，只有小规模的水利工程的建设。羹颉侯刘信（汉高祖刘邦长兄之子）在庐州舒城（今安徽庐江西南）修建了“七门三堰”，据说可灌溉两万余公顷农田。汉文帝末期，蜀郡太守文翁“穿湔江口，灌溉繁田千七百顷”。

直到汉武帝时期，“用事者争言水利”，全国范围内掀起了大规模兴修水利的高潮。

元光三年（前132年），汉武帝为解决漕运困难，任命水工徐伯“引渭穿渠起长安，并南山下，至河三百余里”，开凿了一条与渭河平行，经今陕西临潼、渭南、华县、华阴至潼关附近注入黄河的漕渠。三年后漕渠凿通，“以漕，大便利。其后漕稍多，而渠下之民颇得以溉田矣”。

元朔（前128—前123）至元狩（前122—前117）十余年间，汉武帝征发一万士卒，修建了龙首渠，从今陕西澄城状头村引洛水灌溉今陕西蒲城、大荔一带的田地。龙首渠是中国历史上第一条地下井渠。据《汉书·沟洫志》记载，井渠所过的商颜山一带土质疏松，渠岸容易崩塌，“乃凿井，深者四十余丈”，“井下相通行水”，即每隔一段距离打一眼井，从地下将其相连以穿过七里宽的商颜山。龙首渠是汉代水利工程的一个创举，标志着汉代水利技术达到了很高的水平。

元鼎六年（前111年），汉武帝采纳左内史的建议，在郑国渠的上游修建六条辅助性小渠，“以益溉郑国傍高仰之田”，名为六辅渠。太始二年（前 95 年），赵中大夫白公建议汉武帝开凿白渠。白渠在郑国渠南，从池阳谷口（今陕西泾阳西北）引泾水，东南经今陕西三原及临潼属栎阳镇北，到今渭南下邽镇南注入渭水。渠全长二百里，灌溉农田四千五百余顷，与郑国渠前后相应，“且溉且粪，长我禾黍，衣食京师，亿万之口”，对关中农业发展起到了巨大的推动作用。

汉武帝时期还修建了成国渠、灵轵渠和漳渠。成国渠“穿渠为溉田”，自今陕西眉县东北的渭水北岸，引渭水东流，经扶风、武功、咸阳，至灞、渭回合处，复注入渭水。三国曹魏时期，卫臻为伐蜀自陈仓（今陕西宝鸡东）引汧水东流，与汉武帝时修建的成国渠连接，扩展了成国渠的范围。灵轵渠和漳渠，一说皆引渭水至今陕西周至西；一说漳渠在今陕西岐山东、扶风西。

以上诸渠的兴修都集中在关中地区，无疑为关中成为全国最重要的农业经济区提供了有力的保障。

此外，汉武帝时期，在边郡及其他地区兴修了大批水利工程。元光三年（前 132 年）至元封二年（前 109 年）修建了河东渠。元狩（前 122—前 117）至太初（前 104—前 101）年间，兴修了河套灌渠和河西走廊灌渠。汉武帝至东汉中期，开发了新疆屯田（轮台、渠犁、伊循、车师、楼兰、伊吾地区）灌区、钜淀泽（今山东淄河流域）灌渠、淮水灌区和汶水灌渠。从汉武帝开始，水利工程的兴修逐渐遍布全国，西北边郡的大量荒漠不毛之地因得到灌溉开垦变为良田，山东、江淮、楚越之地的农业经济受益于灌溉水利工程而得到了巨大的发展。

汉武帝之后至东汉末年又相继修建了一些水利工程。汉宣帝时期（前73—前49），出于屯田的目的，开发了湟水（今青海西宁湟水流域）灌区。汉元帝（前48—前33）时期，南阳太守召信臣“开通沟渎，起水门提阏凡数十处”，利用淮河支流和湖沼等天然水道，修建了许多水门堤堰，灌溉面积多达三万顷，形成了南阳灌区，并颁布“均水法”对南阳灌区进行分水管理。南阳灌渠水利的兴修促进了当地农业生产的发展，人们赞颂召信臣的执政功绩，“号之曰召父”。东汉初年，汝南太守邓晨、都水掾许扬主持开发了鸿隙陂灌区，可灌溉数千顷良田，“汝土以殷，鱼稻之饶，流衍它郡”。东汉光武帝时期，武威太守任延在河西一带兴修沟渠，以便利农田灌溉。陇西太守马援“开导水田，劝以耕牧，郡中乐业”。汉明帝永平十二年（69年），王景、王吴主持修治了汴渠，“凿山阜，破砥绩，直截沟涧，防遏冲要，疏决壅积，十里立一水门，令更相洄注，无复溃漏之患”，经过一年的时间，征用了数十万人，终于解决了汴渠经常溃决的问题。汉和帝时期，汝南太守何敞修治了鲖阳（今河南新蔡）旧渠，使良田增加了三万余顷。汉安帝元初二年（115年），“修理西门豹所分漳水为支渠，以溉民田”，又诏令三辅（汉代京畿地区，汉武帝后为左冯翊、京兆尹、右扶风，相当于今陕西中部地区）、河内、河东、上党、赵国、太原各地修理旧渠，“通利水道，以溉公私田畴”，扩大了灌溉农田的面积。汉顺帝永和五年（140 年），会稽太守马臻兴修鉴湖灌区，筑堤“周回三百一十里”，灌溉农田九千余顷，此后千余年这一地区未受水旱的影响。此外，东汉时期还有扬州灌区、狐奴（今北京顺义东北）灌区、引卫灌区、汲县灌区和樊惠渠。东汉水利工程修建的规模远远不如西汉，许多工程仅是在西汉基础上的修修补补，主要围绕旧渠陂塘进行整治，全国范围内的水利兴修渐趋萧条。

三国时期，魏、蜀、吴割据混战，都非常重视各自势力范围内的农田水利建设。曹魏政权推行屯田制，在淮河、永定河、洛水、汧水流域兴建了许多水利工程。建安初年，扬州刺史刘馥营建合肥城，设立学校，推广屯田，“兴治芍陂及茄陂、七门、吴塘诸堨以溉稻田，官民有畜”，为合肥城的坚垒守备打下了坚实的基础。豫州刺史贾逵“遏鄢、汝，造新陂，又断山溜长溪水，造小弋阳陂”，还修通二百余里的运渠，被称为贾侯渠。曹魏正始年间，邓艾在两淮地区开河渠，积军粮，通漕运，兴修了两淮灌区，“资食有储而无水害，艾所建也”。魏齐王曹芳时期的征北将军刘靖和元帝时期的樊晨先后在永定河流域兴修水利工程，使万余顷的农田得到灌溉。可以说，三国时期曹魏政权能够重视水利建设与屯田相结合，促进了北方农业生产的发展，为立足中原提供了良好的战备保障。与曹魏鼎立的吴、蜀政权虽也积极发展当地经济，但屯田和水利工程的兴修在规模与范围上则远远不如曹魏。东吴曾经“立屯于水侧，引巴水以灌田”。诸葛亮治蜀期间很注意对都江堰的维护，视之为“农本”“国之所资”，设立堰官，征调一千二百人护堰。

3. 治理黄河

汉初，黄河经常决口，造成严重的水患，阻碍了国民经济的发展。因此，治理黄河成为两汉王朝一项规模较大的水利工程。汉文帝十二年（前 168 年），“河决酸枣，东溃金堤”，黄河在东郡即今河南濮阳与山东鄄城一带决口，“东郡大兴卒塞之”。汉武帝元光三年（前 132 年），黄河又在东郡瓠子（今河南濮阳南）决口，“东南注钜野，通于淮、泗”，水患遍及十六郡。汉武帝派汲黯、郑当时征用十万人去堵塞，效果不是很好，动辄决口。这次黄河在河南决口，武安侯田蚡的食邑在河北的鄃地并无水灾，食邑收入颇多，因此不以为然，上书反对治理黄河，称“江河之决皆天事，未易以人力为强塞，塞之未必应天”，加上方士附和，于是，汉武帝不再进行堵塞。此后二十多年，黄河下游一带农业经常歉收。元封二年（前 109 年），汉武帝派汲仁、郭昌征发数万人修治东郡瓠子决口，并亲临决口处视察。汉武帝诏令自将军以下的随从官员都要负薪填决河。当时东郡的木柴少，就用京师周围淇园的竹子作为堵塞的木器，黄河瓠子决口最终被修好。不久黄河又在今河北馆陶决口，于是凿屯氏河将决水引入海中，解除了水患。此后近八十年间，黄河下游再也没有发生较大的水灾。东汉初期，黄河在魏郡（今河南、河北交界地区）决口，改道南移侵入汴渠，后从千乘（今山东高青北）入海，造成严重的水患，特别是兖、豫两州连年受灾，百姓怨叹。汉明帝永平十二年（69 年），著名水利工程专家王景、王吴受命治理黄河，征发民众数十万人，从荥阳（今河南荥阳东北）向东至千乘海口（今山东利津），修筑堤渠达千余里，使黄河与汴渠分流，在汴堤之上每十里设立一道水门，对水势进行调控，起到了分洪滞洪、沉淤泥沙、冲刷河槽的作用，同时也确保了汴渠的漕运安全。此后八百余年，黄河没有发生泛滥、改道等重大水害。

四、畜牧业的发展

秦汉三国时期的畜牧业在整个国民经济中居次要地位，已经成为农业的副业，是农业的一个必不可少的补充。

1. 畜牧业政策

一旦经历了战争的严重破坏，畜牧业就会出现凋敝甚至倒退的局面，因此，在相对安定的时期，秦汉王朝都比较重视畜牧业，先后制定了一系列保护与促进畜牧业发展的方针政策和具体措施。秦朝制定了中国最早的畜牧法——《厩苑律》，其他如《田律》《仓律》《金布律》《效律》《司空》等法律中也包含不少畜牧方面的内容，大致包括农民须向国家交纳饲草和饲料、奖惩饲养者、严格牛马标识、防止牛马死亡、牛马繁殖、严惩争牛盗牛等等保护牛马的具体法规与措施。汉代制定的有关畜牧业的政策、法令也更多地体现在对牛马的保护方面。“杀牛，为亡之数”，“有屠牛者，吏辄行罚”，法律甚至禁止杀牛。吕后专权时期曾下令“毋予蛮夷外粤金铁田器、马牛羊即予，牡，毋与牝”。汉景帝时，卫绾奏请“禁马高五尺九寸以上，齿未平，不得出关”。敦煌汉简中有“□禁毋出兵谷马牛羊”之语。这说明汉代曾经通过禁止牛马外流来确保中原农业经济及畜种优势。秦汉王朝还相继设立了畜牧业管理的专职机构，基层有皂、牛长、田啬夫、里典，县级有厩啬夫、皂啬夫、佐；秦朝中央设有大厩、中厩、宫厩，汉代中央设有“天子六厩”。秦汉中央政府还任命太仆卿掌管畜牧业，在北部和西部边郡设置“六牧师令”，广设官营养马苑。尤其是汉武帝北逐匈奴之后，“太仆牧师诸苑三十六所，分布北边、西边，以郎为苑监，官奴婢三万人，养马三十万头，择取教习给六厩，牛羊无数，以给牺牲”。官营畜牧业已经形成较大规模，边郡牧师苑成为官营畜牧业的骨干，西汉的天水、陇西、安定、北地、西河、上郡等六郡成为军需和皇家所需马匹的畜养基地，同时兼牧牛羊。其他如皇室苑厩、地方官厩也辖有一定数量的官营牧场。汉代私人畜养牧畜和民养官马受到政府大力扶植，无不刺激了畜牧业的迅速发展。

2. 畜牧业类型

秦汉三国时期的畜牧业主要有三种类型。一是游牧类型。这一类型主要分布在长城以北、以西的广大地区，包括青藏高原区，曾是匈奴、乌孙、西羌、乌桓、鲜卑等游牧民族活动的区域，这一地区“地广人稀，水草宜畜牧”，畜牧业十分发达，是畜养马、牛、羊等食草牧畜的纯牧区。由于这一类型是自由放牧的草原经济，过分依赖于特殊的自然条件，一旦发生自然灾害，这一地区的畜牧经济会遭受严重破坏。因此，纯牧区经济具有脆弱性、不稳定性特点。二是半农半牧类型。这一类型分布于天水、北地、上郡以及武威以西和龙门、碣石以北的广大地区。这一地区比较平坦，水草资源较为丰富，秦汉王朝在这一地区设置了“六牧师令”。西汉前期，这里便是“畜牧为天下饶”了，不少商贾汇集于此，每年贩“马蹄躈千，牛千足，羊彘千双”，可谓富比千乘之家。自汉武帝大力推行实边屯田之后，农业经济的比重逐渐增加。两汉之际，这一地区“饶谷多畜”，农牧并举，畜牧业逐渐摆脱了游牧方式而转向放牧与舍饲相结合的方式。半农半牧区经济较之纯游牧区经济是一大进步，畜牧业的发展有农业做保障，具有相对稳定性。三是农业区类型。在黄河流域和长江流域的农业区，畜牧业只是农业的副业，不占重要地位。牛马等大牲畜的饲养并不发达，以猪为主的家庭饲养业是这一地区农业经济的重要补充。《盐铁论·散不足》记载道："夫一豕之肉，得中年之收。"养猪不仅可以满足肉食消费，还往往成为小农经济的一项重要收入。汉代许多名人小时候都曾经牧豕于"海上"、"大泽中"或"上林苑中"。秦汉时期还畜养鸡、犬、鸭、鹅、驴等，其中驴被称为"奇畜"，随着养驴渐多，驴的畜力得到广泛使用。

3. 畜牧业生产技术的提高

生产饲养技术的提高是畜牧业发展的一个重要标志，主要表现在畜种品种改良、家畜饲养（掌握牲畜配种季节、保护牲畜、合理使役牲畜、饲料储存、喂养）、兽医、相畜术等各个方面。畜种改良方面，秦代可能已经出现了较为先进的马种杂交技术，通过中原马和蒙古马的杂交来改良品种；汉武帝时期曾派李广利率十几万大军攻伐大宛，其目的在于获取大宛良马——"汗血马"，从而引入中原，以改良中原马种。家畜饲养方面，以喂马为例，要"斩刍"，即铡细饲草，从而有利于牲畜的消化。后来贾思勰在《齐民要术》中总结道："剉草粗，虽足豆谷，亦不肥充。细剉无节，簁去土而食之者，令马肥，不啌，自然好矣。”可知，西汉时期人们已经采用精粗饲料混拌调制的较为科学的喂养方法了。另外，汉代已经普遍实行喂养夜草的方法，“食用茭四百九十二束，夜用三百五十束”，依据“马无夜草不肥”的特点与规律来进行夜饲，是一种十分合理的喂养方法。兽医方面，汉代有许多“马医”和“牛医”，如西汉张里善治马疾，东汉黄宪“父为牛医”，医治牲畜成为一种社会职业。从出土的《流沙坠简》《居延汉简》等汉代竹简中可知，汉代兽医知识比较普及并得到广泛应用，有不少兽医方，武威出土的竹简就记载有治疗马鞍磨损马背腰部而造成外伤的医方。相畜术方面，秦汉时期相畜术趋于普及。《史记·货殖列传》记载，黄直、陈君夫、荥阳褚氏等都是相畜高手。《汉书·艺文志》记载有“《相六畜》三十八卷”（已佚）；20 世纪 70 年代，山东临沂银雀山汉墓出土了《相犬经》的残简，长沙马王堆三号汉墓出土了帛书《相马经》，从而可以认定汉代已经存在较为理论化、系统化的有关马、牛、羊、鸡、犬、豕等畜禽的鉴定技术。汉代相马术尤其发达。1981 年在陕西兴平汉武帝茂陵东侧一号无名冢出土了一具西汉鎏金铜马，据研究是作为相马用的模型。这具铜马精致而标准，可以作为依据来判别马及马种的优劣。

五、粮食作物的广泛种植

秦汉三国时期，粮食作物的种植区域与面积增大，成为农业经济发展的一个重要体现。

1. 概况

粮食作物在品种和种植范围上都远远超过了以往。秦汉以前，粮食作物主要有黍、稻、禾、麻、菽、麦等六种。秦汉时期所谓的“五谷”，已经超出了上述几种。据《氾胜之书》《四民月令》等文献记载和有关考古发现，主要有禾（又称粟）、黍、稻、大麦、小麦、大豆、小豆、麻、稗、芋、糜子、高粱、荞麦、薏米、菰米、青稞等等，其中传统农作物黍的重要性相对减弱，粟、麦、稻逐渐占据主导地位。进入汉代，粮食作物已经在中原地区广泛种植。东汉时期，由于北方连年混战，随着大量中原移民的南迁，带来了先进的生产技术，促进了南方粮食作物的广泛种植。

2. 主要粮食作物

黍，即黄米，其性耐旱，适宜于高寒和干旱地区种植，是秦汉以前最重要的粮食作物，往往“黍稷”并称，秦汉以后种植面积缩小，逐渐被“菽粟”所替代。

粟，又称小米。秦汉两朝都非常重视粟的种植，秦朝将主管农业的官员称作“治粟内史”，汉代则称作“搜粟都尉”。在汉代，上交一定数量的粟可以拜爵免罪。可以说，粟在秦汉时期的粮食作物生产中居于非常重要的地位。秦汉时期，粟的种植主要分布在黄河流域。东汉时期，种植粟的许多地区出现了多次“雨粟”现象，据说粟遍生于草野之中，成熟落地后经疾风吹起飞扬于空中，待风势渐弱又落向地面，因而，大量的粟从天而降，如同下雨，称作“雨粟”，足以说明当时种粟之盛。两汉时期，粟在今湖北、湖南、江苏、四川、广东等南方地区也有种植。在汉代，禾、粟往往被用作一般粮食作物的代称，粟还成为口粮的代称，而谷则成为粟的专名，稷和粟在汉代也已经混淆不分了。另外，粟在畜牧业中占有重要地位，粟往往被用于喂养厩马。然而，当百姓都缺粮少食时，用粟饲马显然是一种肥马瘦人的行为。

麦，有大麦、小麦之分，秦汉以前大麦称作“牟”，小麦称作“麦”“来”。麦类作物的种植主要分布于黄河下游地区。西汉时期开始有了春小麦与冬小麦之分。由于冬小麦在芒种前后即可收获，对于以粟种植为主的口粮供应有“接绝续乏”的作用，逐渐受到重视。汉武帝时，采纳了董仲舒“使关中民益种宿麦（冬小麦）”的建议，在关中地区推广冬小麦的种植。随着耕种技术的提高，冬小麦种植区域不断扩展。在湖南马王堆汉墓中出土了大麦、小麦的实物，说明冬小麦的种植已经推广到长江流域了。

水稻，最早种植于中国南方地区，秦汉之前在今河南、陕西、山西、山东等地区也有小面积的种植。进入汉代后，随着大型水利工程的兴建，水稻种植面积逐渐扩大，北方黄河流域的水稻种植已经较为普遍。在汉代，水稻品种增多，稻科三大种类粳、籼、糯都已出现，南方地区还出现了双季稻，“交趾稻，夏冬又熟，农者一岁再种”。然而，“江南卑湿，丈夫早夭”，地形多为丘陵、沼泽，人口相对稀少，限制了水稻的生产发展，其产量远远不如北方其他谷类作物。三国时期兴起屯田，南方大量土地被改造为适宜水稻种植的良田，水稻的产量与种植技术有了进一步的发展。

此外，麻、大豆、稗、芋等在汉代得到了一定程度的种植。麻分雄麻和雌麻，雄麻籽可食，汉代山东地区曾种植麻达千余亩。由于麻的纤维可以用于制衣，东汉末实行户调制，麻作为农副产品受到重视。大豆，又称菽，自战国以来就成为重要的粮食之一，汉代大豆逐渐被用作副食，由于大豆易种保收，往往种植以备荒年。稗和芋多用于备荒，东汉时期，芋逐渐转为园圃蔬菜。

六、南方地区的初步开发

1. 秦汉时期的初步开发

秦朝建立后，中国南方地区即今四川、湖南、江苏、浙江、福建、广西、广东、台湾以及越南北部分布着许多越族人部落，统称为“百越”，大抵有于越、东越（瓯越）、闽越、西瓯、雒越等等。众多的越族人断发文身，使用铜器，过着半耕半渔的生活，经济发展水平相对落后。秦始皇为了拓展疆土，制定了南征“百越”的计划。秦始皇八年（前 239 年），秦始皇派屠睢率领五十万大军分五路攻入“百越”地区。最初，秦军取得了一些胜利，占领了闽越、东瓯、番禺等地，并设置了闽中郡。然而，在继续向南越和西瓯全面推进的过程中，秦军遭到了越族人顽强持久的抵抗。越族人“逃入深山林丛”，利用当地特殊的地理环境，发挥善于跋山涉水的本领，与秦军周旋，使之无法进行有效的进攻，等到秦军士卒疲劳倦怠时，发动突袭，屠睢被杀，秦军损失惨重。而且，由于秦军粮草运输困难，战争陷入了相持状态，“三年不解甲弛弩”。后来，秦始皇派史禄修建了灵渠，解决了秦军粮草转运的问题。秦始皇三十三年（前 214 年），南越最终被攻取。秦始皇继而设置了南海（治所在今广东广州）、桂林（治所在今广西桂平西南）、象（治所在今广西崇左）等三郡。秦始皇三十四年（前 213 年），秦始皇先后征发和谪迁罪吏、赘婿、贾人和大批未婚妇女至南越地区，规模最大的一次迁徙了五十万罪犯来戍守岭南。秦始皇这种主观上为追求拓展疆土、实现一统而进行的军事征服与移民戍边，客观上却促进了“百越”地区经济文化的发展。

灵渠与“新道”的修建，打通了岭南地区的水陆交通，加强了与内地的紧密联系。大量北方移民的涌入与定居，带来了先进的生产技术和铁制工具，对于促进当地经济发展与民族间的交往融合起到了积极作用。

秦朝末年爆发了农民起义，南海尉任嚣病死，南海郡龙川令赵佗“诛秦所置吏”，断绝与中央往来。汉高祖三年（前 204 年），赵佗自立为南越武王。汉高祖十一年（前 196 年），汉朝廷封赵佗为南越王，南越国成为汉朝南部边陲的一个诸侯国，实质上处于游离状态。吕后专权时期，赵佗与中央之间互存猜疑，致使关系紧张。高后五年（前 183 年），赵佗复称南越武帝，与中央对抗。直到汉文帝时，对赵佗采取安抚政策，赵佗才去其帝号，对汉称臣。赵佗死后，南越与中央保持着良好的关系，直到发生了南越相吕嘉叛乱。吕嘉反对南越王“内属”汉朝，举兵杀死南越王及王后，并与中央为敌。元鼎五年（前 112 年），汉武帝征发十万楼船之师平乱。次年，汉军攻占番禺，吕嘉等叛众数百人逃入海中，最终被越族人抓获。南越国旋即覆灭，汉政府置其地为儋耳、珠崖、南海、苍梧、郁林、合浦、交趾、九真、日南等九郡。西汉初期，南方除了南越国外，还有东瓯、闽越等属国。东瓯由于惧怕闽越的进攻，于汉武帝建元三年（前 138 年）请求内迁至江淮之间，逐渐与中原人民杂居融合。闽越“甲卒不下数十万”，勇猛好战。建元六年（前 135 年），闽越王郢举兵进攻南越，汉朝廷出兵干预，闽越王郢“发兵距险”，后为弟余善所杀，汉武帝封余善为东越王。余善虽为东越王，却包藏祸心，曾暗中勾结叛乱的吕嘉。元鼎六年（前111年），余善造反，攻占白沙、武林、梅岭等地。元封元年（前110年），汉武帝派兵镇压，东越内部出现分裂，越衍侯吴阳倒戈进攻汉阳，建成侯敖、繇王居股杀死余善，归降汉军。汉政府平乱后，“诏军吏皆将其民徙处江淮间”。从此，百越之地尽归汉郡县辖治，南方政局逐渐趋向统一稳定，为南方经济文化的进一步发展创造了重要条件。

除了“百越”之外，在中国西南地区即今贵州、云南、四川一带分布着许多少数民族，统称为“西南夷”。秦始皇曾派常頞开凿“五尺道”，从今四川宜宾直通云南曲靖一带，使得秦朝的势力延伸到夜郎、且兰、邛都和昆明地区，并且设置了行政机构，实行郡县制。此后，西南地区与中原及关中的联系日益紧密。汉武帝时期，西南地区同汉朝的关系得到了进一步的发展。建元六年（前135年），番阳（今江西鄱阳东北）令唐蒙出使南越时吃到了一种蜀地出产的枸酱，查知从蜀地经夜郎的牂牁江（今北盘江）有通达南粤的商路，便建议汉武帝“通夜郎道，为置吏”，为征伐南粤创造条件。于是，汉朝廷在夜郎设置了犍为郡，并征发巴蜀士卒修筑了从僰道到牂牁江的“南夷道”。西南地区的一些小国也相继内附，汉政府在邛、笮、冉駹、白马等地建郡。元封二年（前 109 年），汉武帝“以兵临滇”，降服了滇王，设置了益州郡。东汉时期，汉朝廷先后在西南地区从犍为郡中划分出朱提、汉阳为属国，设置永昌郡，“西南夷”的众多部落也相继内附。从此，两汉逐步实现了对西南地区的行政统一，促使中原先进文化向西南边陲迅速传播，逐渐改变了“西南夷”的落后面貌，推动了当地经济文化的发展。

秦和西汉时期，南方开发的重心在于军事征伐与政权统一。东汉时期，则体现为促进当地社会经济的发展。自西汉中期到东汉时期，随着铁制工具与牛耕的推广以及水利工程的兴修，广大的长江以南地区出现了陂塘化倾向，耕地面积扩大，稻作农业获得了长足的发展。其他方面如蚕桑养殖、铜铁冶炼、铜器制造等也都比较发达。而人口的增加是南方经济水平提高的最显著的标志。由于西汉末年以来黄河流域战乱、灾荒频繁，大量北方流民背井离乡，逃难到南方地区定居。东汉时期，南方地区的许多官员重视当地水利建设与经济发展，修陂塘，垦良田，大大改善了当地的生存、生产条件，使得大量流民能够安定下来从事生产开发，当地的许多越族人和蛮人也成为东汉的编户。因此，东汉时期南方地区形成了许多重要的农业经济区域与城市。这些区域的人口数量较之西汉时增长迅速，如扬州人口由西汉时期的 320 多万人增加到 430 多万人，荆州人口由 370 多万人增加到 620 多万人，益州人口由470多万人增加到720多万人。总之，东汉时期南方整体经济水平得到了显著的提高，为三国时期的进一步发展奠定了基础。

2. 三国时期南方地区的发展

三国时期，魏、蜀、吴三方割据对峙，立足于江南地区的东吴政权与据守西南的蜀汉政权出于备战与自身势力发展的需要，都积极发展当地经济。因此，这一时期的南方经济整体水平较之东汉时期有了进一步的发展。

东吴坚持推行屯田长达七十余年，有力地保障了军粮供给，增加了财政收入。在这一过程中，大量山越人（秦汉时期越族人的后裔）被赶下山，或者充作军源，或者成为隶属农民和豪族地主、功臣的部曲或佃客。可以说，东吴推行屯田制与开发江南的历史，也是山越人的血泪史。然而，从客观上说，正是由于山越人与北方流民共同的勤劳耕作，使得江南原本较为落后的经济面貌得到了很大的改变，大土地私有制在东吴也得以确立与发展。东吴政权在重视屯田的同时，还注意兴修水利工程。黄龙二年（230年），孙权命诸葛恪筑东兴堤以遏巢湖。孙权赤乌年间又先后作涂塘（今瓦梁堰）、修东渠、凿运道，一系列的堤塘沟渠、驿道水道大都是围绕首都建业（今江苏南京）而兴修的，农田灌溉与河渠运输相结合，既起到了防灾保收的作用，又达到了利于水师的军事目的。江南地区的农业生产与水利交通的迅速发展，带动了当地手工业与商业的勃兴。冶铸、煮盐、纺织、制瓷和造船等手工业都取得了很大的发展。其中造船业尤为发达，建安郡的侯官（今福建福州）、临海郡的横藇（今浙江平阳）与永宁（今浙江温州）、南海郡的番禺（今广州）都是东吴的造船中心。孙权为加强管理，还设置了典船都尉。东吴所造战舰与商船数量多，船体大，航海能力强，到东吴灭亡时，西晋政府曾接收了五千多艘船只，足见东吴造船业之盛。东吴的商业也有了很大的发展，建业成为东吴当时最为繁华的商业中心，设有建业大市、东市与北市。东吴与曹魏、蜀汉之间也进行贸易活动。以武昌为中心，东吴经常用江南特产换取魏、蜀两地的马匹。东吴还重视发展海外贸易，康泰、朱应曾率船队出使南海诸国，“其所经及传闻，则有百数十国”。回国后朱应撰成《扶南异物志》（已佚），康泰撰成《吴时外国传》（已佚）。孙权黄武五年（226年），大秦商人秦论经南海来到东吴，居住长达七八年之久，可见东吴与海外的联系比较密切。

早在战国及秦汉时期，蜀地已经是富饶的“天府之国”。诸葛亮治蜀时，在此基础之上，主要以益州为中心，蜀汉经济有所发展。诸葛亮非常重视水利的兴修，不仅派专人维护都江堰，还修建了大诸葛堰、小诸葛堰和漓水渠等工程。良好的灌溉条件确保了成都平原农业生产的稳定发展。诸葛亮还加强盐铁管理，重视丝织业，积极发展商业。特别是丝织业，以蜀锦制造著称于世。诸葛亮鼓励蚕桑，设置锦官，极大地推动了织锦业的发展与繁荣。蜀锦成为蜀汉与魏、吴贸易的最主要商品，“魏则市于蜀，而吴亦资西蜀”，诸葛亮称“决敌之资，唯仰锦耳”。蜀汉政权覆灭后，史称蜀库中还存有锦绮彩绢各达二十万匹，蜀汉织锦业可谓当时全国第一。

第二章　商　业

伴随着封建大一统局面的形成和以农业为主体的国民经济的发展，秦汉三国时期的商业一度出现了繁荣的局面。尽管秦始皇“上农除末”的基本国策制约和影响了商业的发展，但他为巩固与加强封建中央集权统治所采取的一系列具体措施，在某种程度上又为商业的发展创造了有利的条件。拆除各国的关津、城堑、堤防等障碍，建设全国水陆交通网，统一全国货币，统一度量衡，客观上促进了地区间商业的交流与往来。西汉初期实行“与民休息”的政策，对商业采取放任的态度，“开关梁，弛山泽之禁”，商业得到迅速发展，商品物资流通广泛，出现了许多富商大贾。汉武帝即位后，鉴于商人势力的膨胀已严重威胁到封建经济基础与社会秩序的稳定，采取了盐铁官营、改革币制、出告缗令等抑制商业的措施，商业的发展一度陷入低谷。汉武帝之后，官商勾结，官僚经商成风，西汉商业出现复苏，保持了持续发展的态势，并逐渐走向繁荣。新莽时期，王莽改制导致社会经济动乱，商业的发展受到严重的影响。东汉时期，对商业采取保护、纵容的态度，商业市场扩大，城市经济繁荣，富商大贾增多，大豪强地主经营的商业不断膨胀，商业得到了前所未有的发展。三国时期，社会经济凋敝，诸侯割据混战，商业交通阻断，商旅稀少，魏、蜀、吴三地商业发展极不平衡，呈现出畸形发展的态势。

一、商业市场的扩大与商业城市的繁荣

秦汉时期，商业发展获得了广阔的拓展空间和较为稳定的社会保障，在先秦原有的基础之上，商业市场不断扩大，商业活动日渐兴盛。当时全国主要形成了关中、“三河”、燕赵、齐鲁梁宋和楚越等五大商业经济区域，出现了许多著名的商业城市。

1. 关中地区

关中地区以长安为中心，包括天水、陇西、北地、上郡和巴蜀一带，范围涉及今陕西、甘肃和四川部分地区。关中地区是全国的政治、经济和文化中心，得天独厚的地理环境和发达的农业经济，为商业的繁荣提供了有力的保障。它是连接西北和巴蜀两地贸易的枢纽，交通发达，商业活动频繁，最著名的商业城市是长安和成都。长安位于关中平原的心脏地带，经济基础雄厚，秦汉以来大量东方

的富商大贾被迁至关中，汇集长安，极大地促进了当地商业经济的迅速发展与繁荣。张衡在《西京赋》里描述过长安繁华的景象，“廓开九市”，“瑰货方至，鸟集鳞萃，鬻者兼赢，求者不匮”，“五都货殖，既迁既引。商旅联槅，隐隐展展，冠带交错，方辕接轸”。长安城内设有九市，供来自全国各地及西域外国的商旅从事贸易活动。可见，长安是全国性的商业大都市。汉魏之际，长安商业衰微，魏青龙年间（233—237），司马懿曾在城内设立军市。成都地处平原，自然条件优越，秦惠王时命张若依照咸阳经营成都城，设有盐铁市官，工商业发达，“市廛所会，万商之渊。列隧百重，罗肆巨千”，是西南最大的商业城市，也是西南各少数民族地区贸易的中心。天水、陇西、北地、上郡与西北羌和匈奴等地区相接，主要是和少数民族地区进行贸易的城市。

2.“三河”地区

“三河”地区包括洛阳、颍川（今河南禹州）、宛城，以及杨（今山西洪洞东南）、平阳（今山西临汾西）、温（今河南温县西南）、轵（今河南济源南）等地，范围涉及今河南、山西部分地区。这一地区历史悠久，较为富庶。洛阳在秦汉以前是重要的政治中心和连接齐鲁、梁楚的商业都会，东汉时成为国都，虽然几经战乱破坏，城内还是“商贾胡貊，天下四方会，利之所聚”，商业十分繁荣。颍川在战国时是韩国都城，又称阳翟，商业很发达，有“天下名都”之誉。宛城西通武关、郧关，东南连汉、江、淮地区，冶铁业发达，当地人多从事商业经营，是南北商业贸易的重要城市。杨、平阳是连接关中与代北少数民族地区的枢纽，由于是兵家必经之地，当地人往往以贩卖军需物资为业。温、轵是连接山西与河北的两个城市，由于物产匮乏，当地人以经商为生，“西贾上党，北贾赵、中山”。

3. 燕赵、齐鲁梁宋与楚越地区

燕赵地区包括邯郸、燕、蓟，范围涉及今河北、山西部分地区。邯郸在战国时是赵国的国都，处于漳水、黄河之间，北通燕、涿，南达郑、卫，近邻梁、鲁，盛产铁矿，交通便利，工商业十分发达。燕、蓟处于勃、碣之间，南通齐、赵，北邻乌桓、夫余，盛产鱼、盐、枣、栗，是中原同东北少数民族及朝鲜半岛商贸往来的枢纽。

齐鲁梁宋地区包括临淄、陶、睢阳等地，范围涉及今河南、山东部分地区。临淄是齐国旧都，近海背山（泰山），有鱼、盐之利，据说“临淄十万户，市租千金，人众殷富，巨于长安”，是著名的商业城市。陶，今山东定陶；睢阳，今河南商丘。两地处于济、河之间，水陆交通十分便利，西通韩、魏，南至江、淮，东达齐、鲁，“诸侯四通，货物所交易”，是梁、宋一带有名的商业城市。

楚越地区包括陈、吴、江陵、寿春、合肥、番禺等地，范围涉及今长江中下游和珠江流域部分地区。楚越地区整体经济水平不够发达，三国东吴沿所辖长江流域的商业贸易比较发达。陈，今河南淮阳县，水运便利，盛产漆，当地人多从事鱼、盐等商业经营。吴，今江苏苏州一带，盛产盐、铜，是江东的货物集散地。江陵，又称郢都，是江汉平原的商业中心。寿春，楚考烈王二十三年（前240年）将都城迁移到寿春，是楚国重要的都会之一。合肥，位于江、淮潮水冲汇之处，是南北皮革、鲍鱼、木材等物品的集散地。番禺，今广东广州，是重要的海上贸易中心，也是龙眼、荔枝、珠玑、玳瑁、犀、象、银、铜、水果、葛布的集散地。

二、官营商业和民营商业

秦汉时期的商业分为官营商业和民营商业。

1. 官营商业

官营商业范围较为广泛，盐、铁、酒、金、银、铜、丹砂等都被纳入官府经营的领域，其中对盐、铁的管理经营最能体现官营商业的特点。

秦国惠文王时期已经设置了“盐铁市官及长、丞”。商鞅变法之后，官府从盐、铁经营中的获利竟“二十倍于古”，成为政府财政收入的一大重要来源。汉初文帝时期允许私家经营盐、铁。汉武帝时期，对外战事频繁，国内大兴土木，为增加财政收入、保障资金来源，汉武帝元狩三年（前120年）开始实行盐、铁官营专卖，任命山东盐商东郭咸阳与南阳冶铁商孔仅为大农丞，具体负责官营盐、铁的生产与销售。煮盐方面采取招募民众用官器煮盐，冶铁方面在各郡设小铁官，并“除故盐铁家富者为吏”，实现了官府对盐、铁的垄断经营，不久孔仅升为大司农。元鼎二年（前115年），桑弘羊出任大农丞，试行“均输法”。元封元年（前110年），桑弘羊被任命为搜粟都尉，正式推行“均输法”和“平准法”。“均输法”，原来各郡国每年要向京师朝廷纳贡，往来运输十分繁杂，不仅耗费大量人力，运费甚至超过贡品原价，而且多有损坏。于是，桑弘羊将大司农的数十位官员派往各个郡国，设置盐、铁均输官，令各地贡品一律按当地时价折成出产多的土产品输官，再由均输官运往他处出售。这样既节省了运往京师的运费，又减少了物资损耗，官府也可以从中牟利，从而实现了国家对地方高利润商品物资征集、调运和出售的全程掌控。“平准法”，在京师设置平准令，负责掌控国家物资，利用各地均输官提供充足的货源，使用大司农制造的运输工具，在物价上涨时出售，在下跌时收购，以此平抑物价。“均输法”和“平准法”的推行，起到了增加国家财政收入、调节市场价格、抑制富商大贾的积极作用。同时，“均输法”和“平准法”也带来种种弊端，各地均输官往往滥用职权，从民间以低价强制收购货物，操纵市场价格，勾结奸商，囤积居奇，很大程度上扰乱了正常的商品经营活动，导致社会普遍的不满。汉武帝之后，官营商业逐渐衰弱，东汉时期基本上不复存在。

2. 民营商业

战国时期，秦国已经出现了专门从事商业贸易的固定市场。又据出土的云梦秦简中相关资料记载，秦国及秦朝除官营商业之外，确实存在民营商业。如《法律答问》中的“客”“邦客”都是民营商人。汉初“开关梁，弛山泽之禁”，民营商业得到了迅速发展，出现了“富商大贾周流天下，交易之物莫不通，得其所欲”的局面，全国范围内的商品交易活动频繁，出现了大量富比王侯的民营商人。据《史记·货殖列传》记载，当时商品品种繁多，山西有材、竹、穀、𬘭、旄、玉石；山东有鱼、盐、漆、丝、声色；江南有楠、梓、姜、桂、金、锡、链、丹砂、犀、玳瑁、珠玑、齿、革；龙门、碣石北有马、牛、羊、毡、裘、筋、角；群山原野有丰富的铜、铁矿藏。此外，一些颇受欢迎的经济作物也进入了商品领域，如安邑的枣、燕秦的栗、蜀汉江陵的橘子、陈夏的漆、淮北常山以南河济之间的萩、渭川吴越的竹、隋唐的木材等。可以说，无论是基本的日常生活用品、生产工具和原料，还是满足享乐的奢侈品，都被纳入了商品流通的范围。商品生产与贸易在全国范围内得到了前所未有的发展，“天下熙熙，皆为利来；天下攘攘，皆为利往”，民间涌现出大量从事商品经营的商贾，进一步推动了社会商品经济的繁荣与发展。当时著名的富商大贾有西蜀临邛卓氏、程郑、孔氏，宣曲任氏，茂陵焦氏、挚氏，河南宛城孔氏、曹邴氏，洛阳史师、张长叔、薛子仲，齐地东郭咸阳、刁间，临淄姓韦，成都罗裒，杜陵樊嘉，平陵如氏、苴氏，长安丹王君房、豉樊少翁、王孙太卿等，其他中小商贾不计其数。这些富商大贾多从事物资运输、囤积缺货、放高利贷以及其他高利润的商品经营，“千金之家比一都之君”，他们利用雄厚的财富勾结官府王侯，操控物价，牟取暴利。更有甚者，“聚深山穷泽之中，成奸伪之业”，乃至“以资强暴，遂其贪心，众邪群众，私门成党”。商业大贾势力的急剧膨胀，严重威胁并动摇了封建社会的经济基础与中央集权的统治，因而秦始皇和汉武帝时期都采取了较为严厉的措施打击、抑制商业的发展，如盐、铁官营的政策是对民营商贾的沉重打击，而启用大商人出身的人为官吏来发展官营商业及抑制民营商业，可以说是一种颇有成效的办法。

汉末三国时期，战乱严重影响了民营商业的发展，许多商人大贾逐渐演变为大田庄主，自给自足的庄园、坞壁经济十分普遍，民营商业迅速走向了衰败。由于割据分裂，缺乏安全保障，这一时期的商旅很少，富商大贾往往与割据武装力量相互勾结，他们为战争提供军需支援，同时获得安全保障，在战争的夹缝中谋求发展。三国各个政权控制地区的商业十分萧条，曹魏司马懿曾经设立军市，许多屯田官员派部属和屯田客经营商业；西蜀实行盐、铁和蜀锦专营，成为军需资金的重要来源；东吴长江和钱塘江沿岸商业较为发达，吴郡设有大市，孙权曾经派船队从海上到林邑、扶南等地进行商业贸易。三国之间也存在商业往来，曹魏的马匹，西蜀的织锦，东吴的珠玑、玳瑁、翡翠，都是各方进行交换的商品。总之，这一时期的商业发展呈现出畸形的状况。

三、货　币

秦汉时期，随着封建中央集权统治的不断加强，币制逐步走向统一。这一时期是金属货币的重要发展期。司马迁在《史记·平准书》中说："及至秦，中一国之币为二等"，黄金称为"上币"，铜钱称为"下币"，其他珠玉、古代龟币、贝壳和银、锡等金属不能作为货币，而是器饰宝藏。二币制成为秦汉时期整个封建社会最根本的货币制度。

1. 货币类型与铸币

西汉时期，普遍使用黄金货币可谓中国古代历史之最。西汉黄金货币的形制多为金饼或麟趾金、马蹄金。据出土的汉代黄金货币来看，金饼分为一斤重和一两重两种。麟趾金和马蹄金铸造于汉武帝时期。汉代黄金货币的计量单位为斤，一斤黄金也称为“一金”，百斤黄金称为“百金”。汉文帝曾经计划建造一座露台，预算费用为“百金”，百金在当时相当于十户普通平民的财产，汉文帝觉得太浪费，因而打消了念头。可知，黄金在当时是一种衡量财产数额的标准价值尺度。黄金还往往用于赏赐、储备、处罚、聘金。据统计，《汉书》中帝王赏赐给臣子的黄金数额可达八九十万金。王莽倒台后，国家黄金储备“省中黄金万斤者为一匮，尚有六十匮，黄门、钩盾、臧府、中尚方处处各有数匮”。可知，西汉及新莽时期，黄金货币充当着十分重要的角色。然而，东汉时期黄金货币的使用骤然减少。据有关研究，诸位帝王赏赐臣子的黄金总额只是西汉的22%。出现这种状况的原因，存在很大的争论，但有一点却是历史事实：黄金货币从此逐渐淡出了货币领域。

秦始皇统一中国后，基本上沿承秦国旧制，实行垄断铸币的政策，所铸铜钱为秦半两。汉初，由于秦半两过重不易使用，因而改铸重三铢（《汉书·律历志》记载“二十四铢为两”）的榆荚钱。榆荚钱又小又轻，购买力低。吕后二年（前 186 年）改铸八铢钱，吕后六年（前 182 年）又改行五分钱（一说为币面直径的五分，一说为半两币重的五分之一）。汉文帝五年（前 175 年）改铸四铢钱。汉武帝时期改铸钱币频繁，建元元年（前 140 年）行三铢钱；建元五年（前 136 年）行半两钱，同年又行三分钱；元狩四年（前 119 年）铸三铢钱；元狩五年（前 118 年）行五铢钱。从此，五铢钱成为定制，到东汉时期一直通行。汉献帝初平元年（190 年）董卓铸小钱，废止了五铢钱。

秦汉时期，货币的铸造存在官铸和私铸现象。货币一般由国家法定铸造，如秦朝禁止私人铸造钱币。但在西汉初期的一段时间里，政府允许私人铸币，如汉文帝五年（前 175 年），“除钱律，民得铸钱”。汉文帝、景帝时期最著名的私人铸币有两个人：邓通和吴王刘濞。邓通，蜀郡南安（今四川乐山）人，年少时进宫做侍从，后来成为汉文帝的宠臣，位至上大夫，文帝曾赐他严道山（在今四川荥经），允许他开采铜矿、私铸钱币，称作“邓氏钱”，邓通一时富比王侯。汉景帝时期，邓通被免官，又因非法采矿铸钱而被没收家产，最终饿死。吴王刘濞私铸钱币被史书称为“盗铸”，他在自己的封域内采矿铸钱，为以后的叛乱储备实力，后来事败被杀。总体上讲，秦汉时期主要是官府垄断铸币，不断打击与严惩私铸是政府一贯的态度和政策。

2. 币制变革

秦汉时期，币制变革比较频繁，以汉武帝和新莽时期为最。汉武帝元狩四年（前 119 年），增加了皮币和白金币两种货币。元狩四年冬，大约 72.5 万关东贫民迁徙到陇西、北地、西河、河西、上郡、会稽等地，由于安置从业费用不足，官府奏请收取皮币、白金以补不足。汉武帝采纳建议，规定一张四边各长一尺、装饰有精美花边的白鹿皮价值为四十万钱，王侯宗室朝觐聘享时必须将其铺在下面，即是皮币（后来价值减为一万钱）；又规定铸造银、锡合金的钱币，价值为三千、五百、三百不等，即是白金币。新币制实行不久，民间盗铸白金币的人不计其数，官府进行了严厉打击，收效甚微。西汉末年王莽专政时期，实行币制改革。居摄二年（7 年），在保留五铢钱的基础上，又增加了大钱、金错刀和契刀三种钱币。大钱直径一寸二分，重十二铢，价值是五铢钱五十；金错刀，形似刀币，币文用黄金填充，价值是五铢钱五千；契刀，形制相刀，长二寸，价值五铢钱五百。王莽建立新朝政权之后，废止了金错刀、契刀和五铢钱，对币制进行了大规模的改革，铸造新币“六名二十八品”。六名是六大种类，分为钱货、金货、银货、龟宝、贝货、布货；二十八品是每类的名目，分为小钱（价值 1 钱）、幺钱（价值 10 钱）、幼钱（价值 20 钱）、中钱（价值 30 钱）、壮钱（价值 40 钱）、大钱（价值 50 钱），金一品（一斤价值 1 万钱），银二品（朱提银每八两为一“流”，价值 1580 钱，其他银每“流”价值 1000 钱），元龟（价值 2160 钱）、公龟（价值 500 钱）、侯龟（价值 300 钱）、子龟（价值 100 钱），大贝（两枚为一朋，价值 216 钱）、壮贝（两枚为一朋，价值 50 钱）、幺贝（两枚为一朋，价值 30 钱）、小贝（两枚为一朋，价值 10 钱），大布（价值 1000 钱）、次布（价值 900 钱）、弟布（价值 800 钱）、壮布（价值 700 钱）、中布（价值 600 钱）、差布（价值 500 钱）、厚布（价值 400 钱）、幼布（价值 300 钱）、幺布（价值 200 钱）、小布（价值 100 钱）。这一系列币制实行不久，由于繁杂而复古，流通起来很不便利，盗铸现象也很严重，王莽便废止了龟、贝、布三种币制，只用小钱和大钱。天凤元年（14 年），王莽又调整龟、贝的币值，废止了两种钱，发行货布和货泉。王莽的币制改革既荒唐又倒退，使百姓苦不堪言，造成社会经济的剧烈动荡，成为导致新莽政权覆灭的重要因素之一。

秦汉三国时期，还多次出现过用布帛充当货币的现象。西汉文帝、武帝和东汉光武帝、章帝、献帝曾用布帛充当实物货币，用于赏赐、交换及租税。三国曹魏黄初二年（221 年），魏文帝颁令废止五铢钱，“使百姓以谷帛为市”。用谷、帛充当货币，是社会经济衰败的反映，尤其是三国时期，金属货币居然被谷、帛等实物货币所替代，可以说是一种历史的倒退。

四、周边地区及中外贸易

1. 周边地区贸易

秦汉时期，逐渐形成了以汉民族为主体的统一的多民族国家，汉民族与少数民族的联系日益密切，内地与周边地区间的贸易取得了长足的发展。

汉代，汉族同匈奴、鲜卑、乌桓等民族的贸易比较频繁。汉景帝时期，同匈奴互通关市，汉族用农产品、丝织品跟匈奴交换马匹、毛皮、骆驼、毛织物等。然而，因为两地之间一直边打仗边通商，规定禁止铁器、铜钱交易，因而商贸互市在很大程度上受到政治的影响。东汉时期，在上谷（今河北怀来东南）、宁城设置了乌桓校尉，开设互市，每年与乌桓及鲜卑进行贸易。汉初，已经开始了与西南少数民族的民间贸易往来，巴蜀往往有商人私下经商，主要商品有笮马、僰僮、牦牛、蜀布、枸酱等，甚至还有铁器，因而在吕后时期，曾有官吏奏请禁止南越地区关市的铁器交易。另外，据《汉书·西南夷传》记载，巴蜀商人与数千里远的身毒国（位于北印度的古国）有贸易往来，蜀布和邛竹杖等商品还经由此地转运到中亚的大夏。

汉朝与西域各族之间的贸易往来是汉代周边贸易的重要组成部分，这些贸易往来是随着西域的开通而逐渐兴盛起来的。

西域，有狭义和广义两种含义。狭义指玉门关和阳关以西至葱岭以东地区，相当于今新疆地区；广义指中国新疆及其以西包括中亚、南亚、西亚等地。汉初西域葱岭以东共有三十六个国家，以西有数十个国家。塔里木盆地南部有楼兰、且末、精绝、扜弥、于阗、皮山、莎车，塔里木盆地北部有疏勒、温宿、姑墨、龟兹、仓头、乌垒、渠犁、尉犁、危须、焉耆，昆仑山谷有婼羌、小宛、戎卢、渠勒、西夜、蒲犁、依耐、乌秅、难兜，葱岭山谷有捐毒、休循、桃槐，天山山谷有尉头、单桓、劫、卑陆、且弥、郁立师、孤胡、墨山、姑师，葱岭以西有罽宾、乌戈山离国、安息、大月氏、康居、大宛。上述国家中一些过着随畜转徙的游牧生活；大部分以城郭为中心，兼营农牧业，能够自铸兵器，已经产生了封建生产关系。

汉初，匈奴势力扩张到西域地区，冒顿单于相继征服了乌孙、大月氏、楼兰等国，西域二十多个国家也都附属于匈奴，匈奴在西域设置了“僮仆都尉”，对西域各族进行残酷的剥削与压榨。匈奴势力的扩张严重威胁到了汉王朝的安全与利益，汉武帝认识到西域重要的战略意义，派遣张骞出使西域，联合西域各国抗击匈奴侵扰。汉武帝经过多年努力，结束了匈奴“僮仆都尉”统治西域的时代，并使匈奴势力在西域地区逐渐消失，汉朝与西域各国之间的交通安全而畅通，商贸往来日益频繁。

西域的开通，在中国历史上具有划时代的意义，中原内地与西域各国之间的文化、经济交流日益密切。西域的葡萄、石榴、苜蓿、胡豆、胡麻、胡瓜、胡蒜、胡桃、良马、橐驼及各类奇禽异兽、名贵毛织品等源源不断地传入内地；中原的丝织品、金属工具及铸铁、凿井技术等传入西域，佛教也从中亚经西域传入中原内地。这种频繁的文化交流与商贸往来，促进了西域社会的进步，丰富了中原人民的物质文化生活。

2. 中外贸易

秦汉三国时期，中外贸易取得了巨大的发展，主要表现在陆路贸易和海上贸易两方面。

陆路贸易最大的成就是丝绸之路的开辟。张骞开通西域之后，汉朝与西域各国关系日益密切，中亚有不少使者和商队来到长安。汉政府也在令居（今甘肃永登西北）以西修筑道路，设置驿亭，便利商旅往来。于是，中外陆路贸易迅速兴盛起来，并形成了东起中国、横跨中亚、西到欧洲的商贸交通道路，中国的丝绸经此道远销至世界各地，因而被称为“丝绸之路”。丝绸之路由多条道路组成。主线东起长安经河西走廊，出敦煌，分成两路。一路向北经天山南麓，到疏勒（今新疆喀什），越葱岭，再经大宛（今乌兹别克斯坦费尔干纳）、康居（属地南达今乌兹别克斯坦撒马尔罕）西行；另一路向西经昆仑北麓，到莎车，向西越葱岭，再经大月氏（今中亚阿姆河的上下游）西行。两路在木鹿城（今乌兹别克斯坦马里）汇合，向西经和椟城（今里海东南伊朗达姆甘）、阿蛮（今伊朗哈马丹）、斯宾（今伊拉克巴格达东南）等地，到达地中海沿岸，再由船只将货物运往罗马和亚历山大。支线出敦煌，向北经天山北麓到伊犁河流域转向西行，或穿过蒙古草原到达西伯利亚，或从蒙古草原向西南经阿勒泰山到中亚。通过丝绸之路，中国的丝绸换来了沿途各国的象牙、珊瑚、琥珀、宝石、羊毛、黄金及贵重金属等货物，东西方的文化得以频繁地接触与交流，这条古老的经济交通动脉连接着东方的中国和西方的罗马帝国，为世界文明的发展做出了巨大的贡献。此外，这一时期的陆路贸易往来的国家还有掸国（今缅甸）、高句丽、马韩、辰韩、并韩、倭奴国等。

海上贸易主要是与安息（古帕提亚王国）、大秦（古罗马帝国）等国海上交通的开辟，又称“海上丝绸之路”。据史书记载，“大秦道既从海北陆通，又循海而南”，大秦商人与安息人经常在安息南面海中交易，而安息商人多到达交趾，再由交趾到番禺（今广东广州）或东冶（今福建福州）。汉桓帝延熹九年（166 年），大秦国王安敦派使者经波斯湾到印度河口，又沿印度西海岸至今鄂利沙和伊洛瓦底江口，再沿马来半岛，过苏门答腊、占婆，至今河内，通过陆路抵达洛阳，献上象牙、犀角、玳瑁等物品，延熹二年、四年又有进献。可知，当时海上确实存在一条商路，对促进中国海外贸易起到了积极的作用。

第三章　科学技术

秦汉大一统局面的逐渐形成与汉末三国时期的战乱动荡，使得科学技术的发展面临着新的机遇和挑战。可以说，这一时期的科学技术是在发展中取得突破，又在突破中实现发展，经过各民族共同的努力与奋斗，创造出了无数让世界称道的丰硕成果。

一、《九章算术》的成书与成就

1.《九章算术》的成书

在《九章算术》之前有《算数书》和《周髀算经》。《算数书》是迄今所知最早的数学专著，1983 年 12 月至 1984 年 1 月出土于湖北江陵张家山一座西汉初期的古墓中，共约二百支竹简，七千余字，不分卷，作者已不可考。墓主人死于吕后至汉文帝初期，据推断这部著作在汉代以前已经成书。《算数书》是一部数学问题集，体例与后来的《九章算术》基本一致。书中有六十多个小标题。另有二十多个问题，没有标题。问题大致可分为两大类：第一大类是整数与分类的运算法则及某一问题的具体算法（如“石衡之术”）；第二大类是密切联系当时生产实践的应用问题，如“方田”“里田”“鬼钱”“铜耗”“贾盐”“金价”“程禾”等，这类问题共五十多个。在《算数书》出土之前，一般认为《九章算术》是中国现存最早的数学专著。《算数书》的发现，把中国古代数学专著出现的时间大大推前了一步，并为探讨中国古代数学早期的发展脉络提供了珍贵的第一手资料。从内容和结构上看，《算数书》与《九章算术》有许多相似之处，二者有着密切的渊源关系，并极为深刻地影响了中国古代数学的发展。《周髀算经》是一部主张盖天说的天文学著作，而其中的数学内容却为历代数学专家所重视。它大约成书于汉天汉元年（前100年）前后，不著撰人姓名，三国时吴人赵爽曾详加注释，北周甄鸾再注，唐初经李淳风等人注释列为“十部算经”之一，成为国家指定的教科书。《周髀算经》中的数学内容主要有：（1）分数运算；（2）等差数列；（3）勾股定理与勾股测量。

《九章算术》成书的上下限约为公元前1世纪初至公元1世纪末，非一人一时写定，是经过众多数学家的删定增益而最后成书的。《九章算术》的渊源可追溯先秦九数，其篇目与内容都经过了长时期的演变，经西汉初期张苍、西汉中期耿寿昌等人的删补而大致成书。近年来发现了至迟到西汉初年成书的《算数书》，基于体例及内容与《九章算术》的比较，可以视为《九章算术》的近源，或者是二者有着共同的渊源。《汉书·艺文志》著录有“许商算术二十六卷，杜忠算术十六卷”，可能二书与《九章算术》有密切关系。《九章算术》是中国现存最早的传世数学著作，是对春秋至秦汉以来社会变革与生产发展中出现的各种亟须解决的测量和计算问题的概括总结，在赋税摊派、天文历法、商贸交易、水利土木工程等方面具有重要的指导意义。三国时期的刘徽为《九章算术》作了注，今本《九章算术》便是从明永乐大典中辑出的刘徽注本。

2.《九章算术》的内容与成就

《九章算术》共分为九章：（1）方田（分数四则算法与平面形求积法），即有关土地面积的计算，包括正方形、矩形、三角形、梯形、圆形、环形、弓形、截球形等体表面积的计算公式；（2）粟米（粮食交易计算法），即按比例互换谷物的计算方法；（3）衰分（分配比例算法），即按照一定比例分配物资与摊派税收的计算方法；（4）少广（开平方与立方法），即使用算筹，通过已知的面积和体积，反求边长；（5）商功（立体形求积法），即各种工程如城、垣、沟、堑等的体积计算，以及依据季节、劳力、土质情况计算工程所需土方与人工安排；（6）工程均输

(运输中平均负担计算法)，即依据人口、物价、里程等条件计算摊派税收和派出民工问题；(7) 盈不足（盈亏问题解法与运用同类计算方法解算其他类型算术题），即以“今有共买物，人出八，盈三；人出七，不足四，问人数、物价各几何”为典型的盈亏问题，推导出盈亏问题的一般公式，并进一步研究了“两盈”“两不足”“盈、适足”“不足、适足”等问题，应用盈亏方法解决不属于盈亏的问题；(8) 方程（联立一次方程组解法与正负数），即将算筹列成方形以求解一次方程组，并引出了正负数加减运算法则；(9) 勾股（勾股定理的应用与测量问题的解法），即应用勾股定理测量计算“高、深、广、远”问题。《九章算术》围绕以上内容，共提出 246 个例题，举例与求解相应相承，具有理论与实践紧密结合的特点。

《九章算术》在世界数学史上做出了突出的贡献。在算术领域，《九章算术》提出了约分、通分、比较分数大小、分数加减乘除四则运算等完整的分数运算法则，以及比例和“盈不足”问题。分数运算法则在印度最早到 7 世纪才出现，欧洲则更晚。比例分配问题，粟米章、衰分章和均输章都有所涉及。粟米章提出的有关粮食交易折算的方法，即在成比例的四个数中，通过已知的三个数来求第四个数。这一方法将比例与三率法结合在一起，在欧洲直到 15 世纪才出现。“盈不足”问题，通过两次假说取值，与现代求高次代数方程和超越方程近似解的线性插值法相似，这种方法在欧洲被称作“双设法”或“契丹算法”。由于在中世纪阿拉伯数学著作中，“契丹”一般指中国，可以说中国的“盈不足”法是经阿拉伯传入欧洲的。在代数领域，《九章算术》提出了联立一次方程解法、负数概念的引入、正负数加减法法则、开平方、开立方和一般二次方程等等。方程章主要提出了多元一次联立方程组的问题与解法，应用算筹表示多元一次联立方程组，解法与现代中学代数的消元法相似。这一方法，印度 12 世纪初才出现，欧洲最早到 16 世纪才有了加减消元法。方程章引入了负数概念，是人类历史上第一次出现在文献记载中，其以卖出数为正，买入数为负，扩展了数的新范围，体现了对意义相反数量的正确理解。印度在 7 世纪引入负数概念，欧洲到 16 至 17 世纪才对负数形成正确的理解。勾股章主要提出了勾股定理的应用与测量问题，是世界数学史上较早提出有关整数勾股数研究的理论。

《九章算术》基本上涉及了相当于现代初等数学算术、代数和几何中大部分内容和原理，是中国古代数学体系形成的显著标志。《九章算术》最大的特点是问题与实践紧密结合，应用先进的运算方法来解决切实的社会生产问题，具有重要的理论价值与现实意义。《九章算术》对世界古代数学的发展影响很大，可以同古希腊欧几里得的《几何原本》相媲美，虽不像《几何原本》那样具有严密的逻辑性，但在算筹算法与十进制解决实际问题上，则是古希腊数学所欠缺的。

《九章算术》对中国古代数学的发展影响深远，历代许多著名的数学家都对其进行过深入的研究，并提出了新的数学概念与方法。早期最重要的注释者有魏晋时期刘徽、南北朝宋齐间祖冲之父子、唐李淳风。祖氏父子的注释已经失传，刘、李二家注释随《九章算术》流传至今，其中刘徽的《九章算术注》被认为是中国传统数学中最富理论创见的杰作。刘徽的生平事迹不见于记载，只能根据不多的史料知道，他是今山东淄博一带人。《隋书·律历志》称："魏陈留王景元四年（263年），刘徽注九章"。刘徽在《九章算术注原序》说他"辄造重差，并为注解，以究古人之意，缀于勾股之下"。刘徽的《重差》一卷原附于《九章算术》之末，连同《九章算术》九卷，共为十卷。唐代，为了给国子监制定教科书，将《重差》与《九章算术》分离，另行单本，并更名为《海岛算经》。刘徽在前人"重差术"的基础上，创造了三次和四次测望问题的解法。《九章算术》一直是人们学习数学的经典教材。

二、天文历法学的发展

秦汉三国时期，天文历法学取得了巨大的发展，中国古代传统的天文学体系基本确立。

1. 历法体系的确立

秦汉时期推行了统一的历法。秦朝建立后，文化制度建设上处处体现着封建大一统思想，在历法上实行了全国统一的颛顼历，以十月为岁首，年终置闰。汉朝建立后沿承秦制，出于大一统理论和适应农业生产的实际需要，汉武帝于元封七年（前 104 年）征集全国天文历法专家“议造汉历”。当时，太史令司马迁、大中大夫公孙卿、壶遂上书皇帝，认为“历纪坏废，宜改正朔”，武帝诏命三人并会同侍郎尊、大典星射姓等一起“议造汉历”，由对星历十分内行的司马迁、射姓主持其事，共提出 18 种方案，经过比较实测，最终采用了邓平和落下闳的 81 分法，以正月为岁首，每月有 $29\frac{43}{81}$日，每年有 $365\frac{385}{1539}$日，19 年置 7 个闰月，误差为每 399 年差 1 日。采用二十四节气，以利于农时。新历颁布时改元封七年为太初元年，故称作《太初历》。《太初历》包括了据日月运行推算朔望、日月食的推算、二十八星宿宿度资料、二十四节气资料、无中气置闰（中气是指雨水、春分、冬至等有名称的十二节气）等内容，从而确立了中国古代传统历法的基本框架。西汉末年刘歆在《太初历》的基础上编撰成《三统历》（又称《三统历谱》）。《太初历》一书已佚，《三统历》却保存了有关《太初历》的宝贵资料，并且《三统历》的回归年比起《太初历》精确到每年 $365\frac{335}{1539}$日。此外，《三统历》还增补了一些新的天文知识与考证，内容主要包括朔望、节气、月食和五星的常数与推算方法及基本恒星的距度等，由于是阴阳合历，因而被认为是世界上最早的天文年历。《太初历》在施行了 188 年之后，到东汉章帝元和二年（85 年）被废止。原因是依照《太初历》，日月合朔与月食日期都较历书提前一日。于是，章帝命编訢、李梵等造《四分历》（又称《庚申元历》），以一回归年为 $365\frac{1}{4}$日，故称“四分”。《四分历》首创了黄赤道度数变换、二十四节气昏旦中星、昼夜漏刻与晷影长度的计算等方法，精确度较高。东汉献帝建安十一年（206 年），刘洪造《乾象历》，首次列出月亮运行不均匀性数值表，列出了月亮每天运行速度超过或低于平均速度的“损益率”。《乾象历》通过“求朔望定大小余”“求朔望加时定度”等方法推算日月食的时刻，还提出了黄白交点与交食关系的理论。《乾象历》在很多方面都比《四分历》精确。三国东吴黄武二年（223 年），《乾象历》被东吴采用实施，直到东吴灭亡。

2.《周髀算经》的天文学价值

《周髀算经》原名《周髀》，在该书成书的年代，中国人对各种天文现象已有了广泛的观察，并测定了一些天文数据。司马迁在参加《太初历》的制订中注意研究天文历法，作《历书》和《天官书》。他说："星气之书，多杂禨祥，不经。"他要考历代"行事"，验明星辰之"轨度"。而《周髀》的作者利用数学工具来说明天文现象，将其联结成一个系统，从而建立一个数学化的盖天宇宙模型。

从天文学视角看，《周髀》所主张和论述的盖天说缺乏科学性，后汉人"考验天状多所违失，故史官不用"（《续汉书·天文志》注引《蔡邕表志》）。《周髀》说大地像一个倒覆的圆盘子，天空则像盖在大地上的一个斗笠，天的曲度与地的曲度相同，日明星辰都附着天上，围绕着北极在地的上空旋转。北极最高，四面低下，比北极要低三万公里，由于太阳不但在恒星期作圆周运动，而且它与北极的距离也在作周年变化，从而产生了一年有四个季节的寒暑温凉的变化。为了说明太阳的运动规律，书中设计了一张七衡图（即以北极为圆心的七个等距离同心圆）。《周髀》计算了太阳到地面的垂直距离与到观测地点的距离、太阳的直径，描述了太阳与月亮的运动规律、二十四节气以及四分历的各种数据计算。

三国时吴人赵爽为《周髀》作注，补绘了"日高图"与"七衡图"，在"日高图注"中为重差术奠定了理论基础。

3. 天文仪器与天文记录

秦汉时期，为配合新历法的编制与实施，一系列天文仪器相继出现，最著名的是浑仪和浑象。

西汉人落下闳研制出测量天体坐标和两天体间角距离的仪器——浑仪（又称“浑天仪”）。浑仪包括支架上固定的两个互相垂直的地平圈和子午圈，还有一些围绕地轴平行转动的赤道圈、白道圈、黄经圈等等，在以上圈上附有围绕中心旋转的管窥，管窥中空，人们通过管窥与各种圈的配合旋转以观测天空中不同的区域。落下闳是四川人，据说在他年轻的时候社会上就已出现了类似的仪器，落下闳应召议定《太初历》，于是制造出浑仪以观测天象，为《太初历》提供了最直接的数据与资料。东汉末贾逵受命制造了一架“黄道铜仪”，以观测日月运行，就是在浑仪的基础上增加了黄道环，可以说是对浑仪的一种改进。

据说在西汉宣帝时，大司农中丞耿寿昌制造了一架叫浑象的仪器，模拟天象变化与天球运动情况。浑象是在一个大圆球上刻画上二十八星宿、黄赤道、恒隐圈、恒显圈等，中贯转轴可以旋转。浑象分为两种：一种在圆球外绕有象征地平的地平圈；另一种在中空的圆球体中心放置象征地体的实块，故又称“浑天象”。耿寿昌的浑象并没有保留下来。东汉张衡制造了一架“水运浑象”（又称“漏水转浑天仪”），以水力推动浑象的旋转。“水运浑象”的运动模式与天球实际转动相吻合，因此将其置于室内也能根据它的运转来测定室外天象的变化。张衡的“水运浑象”现在已经无法见到了，但是历代都有浑象的制造与改进，如三国东吴的葛衡曾制造浑天象。现存最早的浑象放置在今北京古观象台台顶，制造于清朝康熙十二年(1673 年)。

除了以上观测天象的仪器之外，秦汉时期还有圭表、漏刻、仪象、日晷等测时仪器，成为两千年间人们从事天文观测与计时的主要工具。

从秦汉时期的文献记载和现代考古发现，在当时有关天象的记录已渐趋完备。根据《汉书·五行志》的记载，西汉河平元年（前 28 年）“日出黄，有黑气大如钱，居日中央”，这是世界公认的最早的关于太阳黑子的记录。《汉书·天文志》记载了“元光元年六月，客星见于房”，《续汉书·天文志》则记载了“中平二年十月癸亥，客星出南门中”，证明在前 134 年和 185 年中国已经观察到超新星，这是世界上最早的有关超新星的记录。另外，《周髀算经》《汉书》以及长沙马王堆汉墓出土的《五星占》《彗星图》等文献，分别比较详尽地记载了有关日月食、彗星、极光等天文现象，都是后世进行天象观测与研究的宝贵资料。

4. 天文学派与天文学家

秦汉三国时期，关于宇宙结构理论主要有三个学派：盖天说、浑天说和宣夜说。盖天说出现于殷周之际，人们看到苍穹笼罩大地，形成了“天圆如张盖，地方如棋局”

的认识，到了汉代发展成为较有影响的理论，这在《周髀算经》中有所反映。东汉后，盖天说逐渐销声匿迹。浑天说起源较早，到了汉代才逐渐发展成为比较成熟的理论。东汉张衡是主张浑天说的主要代表人物。浑天说认为“浑天如鸡子”，“地如鸡中黄”，天是一个整球，一半在地上，一半在地下，好像鸡卵包裹着内黄，日月星辰随着天球的运转而沉入地下，所以有时会看不见。南北极位于天球两端，日月星辰都围绕极轴旋转。浑天说较为合理地解释了一些盖天说难以说明的问题，因而为许多人所接受，对中国古代天文思想的发展产生了深远的影响。三国吴庐江人王蕃也持此理论，著有《浑天说》。宣夜说，是东汉郗萌记述的先师传授的学说。宣夜说认为，天是无形无限的空间，日月星辰自然浮生在虚空之中，依靠气的作用运动或静止。日月星辰各自的运动状态及快慢不同，也是由于悬浮在空中的缘故。宣夜说作为一种宇宙无限的假说，虽然在当时很先进，却难以得到论证，因此影响不大。直到近代引入西方相关科学理论，证明了宣夜说的合理性，其思想价值才得到一致认可。除了上述三种学派之外，三国东吴人姚信曾著有《昕天论》，提出昕天说，认为人形与天最相似，将四季变化和昼夜长短视为人离太阳远近所致，如“日去人远，而斗去人近，北天气至，故冰寒也”，“斗去人远，日去人近，南天气至，故蒸热也”，“极之高时，日行地中浅，故夜短……极之低时，日行地中深，故夜长……”。昕天说只是一种直观上的推定，根据日离人的远近来论证四季和昼夜变化是不科学的。

秦汉三国时期涌现出一批著名的天文学家，正是由于他们的天才和勤奋的研究与实践，天文学获得了巨大的发展。西汉有张苍、司马迁、邓平、落下闳、张寿王、鲜于妄人、耿寿昌、刘向、刘歆等；东汉有杨岑、张盛、景防、鲍业、编䜣、李梵、贾逵、霍融、王充、张衡、虞恭、刘洪、蔡邕、何休、郑玄、徐岳、郗萌、赵爽等；三国有高堂隆、韩翊、杨伟、刘徽、阚泽、陆绩、王蕃、姚信、陈卓、葛衡等，其中最著名的是张衡。张衡（78—139），字平子，东汉南阳西鄂（今河南南阳）人。张衡不仅精通天文历法和仪器制造，还学通五经，擅长文学、绘画、数学、地理等等，是中国古代最杰出的科学家之一。他曾两度出任太史令，后又任河间相、尚书等职。张衡著有《灵宪》《浑天仪注》，论述了宇宙起源、宇宙无限性、天体演化、日月大小、月食成因、五星运行和陨星、流星的形成等古代天文学所关注的主要问题，是浑天说思想的集大成之作。张衡一生致力于发明创造，他研制了世界上最早的漏水转浑天仪和候风地动仪。据载，地动仪曾成功地记录了138年在今甘肃发生的一次强烈地震。此外，他还复制出了指南车和记里鼓车。张衡在天文观测方面也取得了很大的成就，他把星空划分为444个星官，记录了2500余颗恒星。他还得出太阳与月亮的视直径值都是半度的结论，这与现代所测定的结果是非常接近的。除了天文学著述外，张衡在地理学方面撰有《地形图》，文学方面著有《二京赋》《归田赋》《髑髅赋》以及一些五言和七言诗作。

三、《氾胜之书》《四民月令》与农业耕作技术的改进

1. 《氾胜之书》

据《汉书·艺文志》的记载，汉代农学方面的著作共有九家114卷，《氾胜之书》是其中的一种。《汉志》农家类名为《氾胜之十八篇》，从《隋书·经籍志》起，加了“书”字，以后成为通称。原书十八卷流传至宋初便散佚了。《齐民要术》和一些农书对《氾胜之书》多有征引，清人马国翰从《齐民要术》中整理出十六篇，从其他农书中辑出两篇，合为十八篇，共计3700余字。分为耕作的总原则，选择播种日期，种子处理，作物栽培技术各论（占总篇幅的三分之一以上），收获、留种子及贮藏，区种法（占总篇幅的三分之一以上）等几个方面。《氾胜之书》是中国现存最早的一部农学著作。

有关《氾胜之书》作者的情况，史书没有详载，或称其本姓凡，后避乱居氾水（今山东曹县西北），故改称氾胜之。氾胜之做过汉成帝的议郎，后负责三辅地区麦类的推广与种植，有政绩，迁为御史。氾胜之在农田耕作方面

很有经验，曾经有人专门拜他为师，请教田间耕作的学问。可见，氾胜之是一位农业生产经验丰富、造诣颇高的农艺专家。

《氾胜之书》开创了中国农书中作物各论的先例，论述了十二种作物，包括禾（谷子）、黍、麦（冬麦和春麦）、稻、稗、大豆、小豆、瓠（葫芦）、芋、枲（雄大麻）、麻（大麻）、桑的栽培方法，特别是系统地提出了培育地桑的方法，将中国桑树栽培提高到一个新阶段。该书最早是献给朝廷的，继而在民间流传，较集中地反映了秦汉时期黄河流域的农作理论和实践，在北方旱地防旱保墒耕作技术体系的形成过程中占有重要地位。《氾胜之书》十分注重农作物综合栽培技术的应用，提出“趣时，和土，务粪、泽，早锄，早获”等栽培环节的衔接与配合，并且根据农作物的不同特点，总结出十三种栽培技术，还总结出区田法、溲种法、代田法和一些先进的谷物蔬果栽培方法，在选种、施肥、土壤改良、中耕除草和作物嫁接等方面也有详细介绍。《氾胜之书》反映出西汉时期农业精耕细作水平不断提高，耕作技术得到了新的发展。

2.《四民月令》

崔寔撰写的《四民月令》成书于东汉延熹十年（167年），原书已佚，现有几种辑佚本，约可得3200字，全书仿效《礼记·月令》，逐月安排了一个以农业和小手工业为主、商业为辅的士大夫家庭中应做的事情，没有叙述具体方法。“四民”，是指士、农、工、商；“月令”，是指根据一年十二个月和节气系统地安排农事及工、商等经营。《四民月令》记述内容广泛，包括各类粮食作物、经济作物以及蔬果药材的栽种；牛、马、猪、羊、鱼等家畜水产的养殖；酿制业、纺织业和农副业、医药加工业的发展；还涉及家庭教育、社会交际等方面内容，集中反映了东汉田庄经济的主要形式特征与新的发展趋势，是总结东汉社会经济发展的一部重要的代表作，也是农家月令书的开山之作，但又与一般专记节序的月令书不同，可以说《四民月令》是从《氾胜之书》到《齐民要术》的五百年间里唯一一部流传至今的综合性农书，其有关内容也被《齐民要术》大量引录。

四、从《黄帝内经》《神农本草经》到张仲景、华佗的医学成就

秦汉三国时期，医学逐步确立了一套临床诊断与医疗体系，中医名医和名著相继出现，标志着医学水平发展到了一个新的阶段。

1.《黄帝内经》

《黄帝内经》，又称《内经》，《汉书·艺文志》著录十

八卷，大约成书于战国时期。东汉时期，有人将十八卷辑要为《素问》九卷。晋代皇甫谧将《素问》九卷和《黄帝针经》九卷合为一经，称作《黄帝内经》的甲、乙经，即后世流传形成的《素问》和《灵枢》。《黄帝内经》的内容包括经络、脉法、病理、针刺、诊断方法等医学理论和实践问题，全书贯彻着阴阳五行思想，奠定了传统中医理论的基础，对秦汉三国时期医学发展影响很大。

2.《神农本草经》

《神农本草经》是中国现存较早的医学著作，其成书年代有西汉、东汉两种说法，大致应早于东汉。全书载有药物分上、中、下三品，共计 365 种。其中植物药 252 种，动物药 67 种，矿物药 46 种，对药物的产地、采集和药性作了详细介绍。其中还有一些特效药物，如麻黄、附子、常山、大黄等，至今都是医家推崇的良药。该书于隋唐之时散佚，宋代的王炎，明代的卢复，清代的孙星衍、孙冯翼、顾观光、黄奭、王闿运、姜国伊，以及日本人森立之都有辑佚本。

3. 张仲景及其《伤寒论》

张仲景，名机，南阳郡（治今河南南阳）人。张仲景自幼立志研究医学，师从同郡张伯祖学医，尽得其传。时大疫流行，乃钻研《内经》《难经》等古医书，辞官从医，

"勤求古训，博采众方"，总结了前代医书与当代医学临床实践经验，著成《伤寒杂病论》。张仲景被后世尊为"医圣"，日本医家奉之为先师。

《伤寒论》，《伤寒杂病论》的伤寒部分，是张仲景所著之理法方药俱备的临床医学著作，约成书于东汉建安十年（205年），经晋王叔和整理，其中有关伤寒病的部分内容，撰次而成《伤寒论》，现传为十卷本。杂病诊治部分一度散佚，北宋仁宗时王洙于馆阁中得《金匮玉函要略方》残简，经林亿等人整理校订，将其间杂病部分厘为三卷，改名《金匮要略》。《伤寒论》的突出成就在于灵活运用古代的医学理论，结合个人的实践经验，对外感热病的发生、发展、预防、治疗等进行了精辟阐发。书中将外感的各种症候进行归纳分析，从而确立了中国医学辨证论治的原则，奠定了中医临床学的基础。《金匮要略》对病因病机、诊断治疗、预防护理等原则性问题进行了概括性论述。在论述疾病时，既辨病，又辨证，而且首先立足于辨病，在辨证上以脏腑经络学说为依据，在治疗上根据辨病与辨证相参而确立治疗方药，体现了"同病异治""异病同治"的精神。《金匮要略》使中医疾病的认识更加深化，它与《伤寒论》一道确立了中国医学辨证施治的准则，奠定了后世临床医学的基础，推出了许多行之有效的方剂，丰富了中医饮食护理等内容，因此为历代医家章为典籍。《伤寒论》在《黄帝内经》阴阳五行理论的基础上，提出

“辨证论治”，分析阴阳，进而辨明表、里、上、下、寒、热、虚、实，即辨证“八纲”。再根据“八纲”拟定汗、和、清、下、吐、消、温、补等治疗方法，即中医“八法”。“八纲”和“八法”将诊断和治疗过程紧密结合在一起，在临床实践方面效果显著。《伤寒论》在中药加工与配制方法上有了新发展，出现了药物净化处理（含有水洗、酒洗、去皮、去节等环节）与烊化加工（将先煮过的药物放入胶、糖、蜜中溶解，去苦味，易服用，防变质），首次出现了理中丸、陷胸丸、蒲灰散、滑石白鱼散等中成药，便于服用与流传。

4. 华佗

华佗（？—208），字元化，东汉三国时期沛国谯（今安徽亳州）人，不求仕途，精研医术，擅长内、外、妇、儿、针灸各科，尤其擅长外科。据《后汉书》记载，华佗针灸之法精准简略，“针灸不过数处”，发明“麻沸散，首创麻醉外科手术”。如果病人“疾发结于内，针药所不能及”，则让其用酒服下麻沸散，待病人“醉无所觉”时进行剖腹湔肠的手术，之后将创口缝合，敷上膏药，病人一个多月后就能康复。华佗对养生导引术也很有研究。他创作了五禽戏，模仿虎、鹿、熊、猿、鸟五种动物的姿态，“以当导引”，达到锻炼身体的目的，可以视作最早的健身操。华佗没有医书流传下来，他有两个弟子吴普和樊阿，也都成了名医。《隋书·经籍志》著录有吴普所撰《华佗方》十卷，已经散佚。

五、造纸术的发明及其传播

1. 造纸术的发明

造纸术发明前，中国古代书写材料主要有甲骨、金石、缣帛、简牍等，外国有莎草片、贝叶、树皮、羊皮等，以上材料不便于随意书写、携带或保存。据史书记载，秦始皇每天要批阅公文简牍重约五十公斤。汉武帝阅读东方朔的一篇由三千枚木牍串成册的奏文，竟花费了两个月的时间。另外，缣帛和羊皮等材料，由于比较昂贵，一般人是用不起的。因此，廉价、易书写、善保存的新材料与新技术的发明，成为社会发展的迫切需要。

人们一直认为造纸术是105年东汉蔡伦发明的。据说蔡伦用树皮、麻绳头、破布和渔网制成纸，呈现给汉和帝，和帝称善其能，于是这种纸在全国流行开来，被誉为“蔡侯纸”。但根据现代考古发现，纸的起源要更早些。1933年在新疆罗布泊汉烽燧遗址发掘了一块汉宣帝黄龙元年（前49年）的麻纸。1942年在额济纳河流域的烽燧台下掘出一张写有三十余字的汉代纸，据考证，这张纸的年代应早于汉和帝永元十年（98年）。1958年5月，西安东郊灞桥发掘的西汉墓中出土了八十多片大小不等的古纸片，据推测年代不晚于汉武帝元狩五年（前118年）。1973年和1974年，内蒙古居延汉代遗址中发现麻质纤维纸。1978年10月，陕西扶风中颜村汉代建筑遗址中发现了麻纸，年代推定为汉宣帝时期（前73—前49）前后。1979年10月，甘肃敦煌马圈湾西汉烽燧遗址掘出五片古纸，年代推定为汉宣帝时。1986年，甘肃天水放马滩西汉墓发现绘有地图的古纸，经考证年代可能是在西汉文景时期。1990年，在敦煌甜水井西汉悬泉遗址的发掘中，又发现三十多片西汉时期的古纸。

由此可以定论，早在西汉时期造纸术就已经发明了，蔡伦则是造纸术的改良者。

蔡伦（？—121），字敬仲，桂阳（郡治今湖南郴州）人。汉明帝时入宫充任宦官，历经明帝、章帝、和帝与安帝四朝。蔡伦好学巧思，他改进了西汉以来的造纸技术，以植物纤维作为原料，采用石灰碱液烹煮的化学处理方法和漂白工艺，造出了优质的大批麻纸，还在洛阳组织制造过以楮树之皮为原料的皮纸。可见，蔡伦是一位杰出的改良家，经过他的努力，造纸术在造纸原料和技术方法上获得了突破性的发展。

继蔡伦之后，出现了许多造纸专家。东汉末年，东莱（今山东龙口东南）人左伯造出了“左伯纸”，较之“蔡侯纸”在纸质与书写方面有了进一步的发展。1973年甘肃武威旱滩坡东汉墓出土了东汉时的文书用纸，纸张细薄紧密，质量很高，说明东汉造纸业比较发达，已经传播到西北地区了。

2. 造纸术的传播

造纸术发明后，逐渐传播到了世界各地。汉末魏晋南北朝时传入朝鲜半岛，西晋太康六年（285 年），朝鲜半岛百济政权的博士王仁将《论语》等写卷带入日本，说明在此之前中国纸已经在朝鲜半岛流传开来。4 至 6 世纪，朝鲜半岛开始生产麻纸。宋朝时期，王建（877—943）建立高丽朝，朝鲜半岛造纸业有了新发展，生产出皮纸，是在中国造纸技术的基础上生产出来的。2 世纪时中国纸传入越南。据考证，最迟在 3 世纪时越南北部能够造纸。隋炀帝大业六年（610 年），高丽王遣和尚昙征赴日，一般认为中国造纸术由此传入日本。大约 7 世纪末以后，中国造纸术传入印度、尼泊尔、泰国、巴基斯坦、孟加拉国、柬埔寨、缅甸、菲律宾和印度尼西亚等国。

中国造纸术由丝绸之路传播到西域地区，1907 年，斯坦因在敦煌发现了中亚粟特人的九封麻纸书信，年代推定为 311 至 313 年，说明至少在西晋末年，中国纸已传入中亚。唐天宝十年（751 年），唐朝与大食（阿拉伯帝国）进行了一次边界战争，史称怛逻斯战役。安西节度使高仙芝战败，被俘的中国战俘中有造纸工人，阿拉伯人从唐战俘中获取了造纸技术。751 年，阿拉伯人在撒马尔罕建造纸厂生产麻纸。793 年，又在西亚巴格达建立造纸厂。随着阿拉伯势力的不断扩张，造纸术传入埃及和摩洛哥等非洲地区，900 年前后在开罗建立造纸厂，1100 年前后在摩洛哥的费兹建立造纸厂。

阿拉伯人从 8 世纪中期渗入西班牙，并逐渐将其纳入了统治圈。1129 年，在西班牙的萨狄瓦建立了造纸厂。随后，从 12 世纪到 16 世纪，欧洲相继出现了大批造纸厂。

中国造纸术通过商业贸易、文化交流或战争扩张等方式传播到世界各地，对世界文明的进步起到了难以估量的作用，加速了世界文化的变革与发展，这已为全世界人民所公认。

六、炼丹术与化学的发展

炼丹术可以看作是近代化学的先驱，秦汉时期产生的炼丹术，奠定了中国古代化学发展的基础。

1. 炼丹术

早在战国时期，一些方士认为“仙人食金饮珠，然后寿与天地相保”，要想长生就应服仙药。于是，寻求仙药或炼制不死药成为实现长生的最直接手段。齐威王、齐宣王、燕昭王曾派人入海求药。秦始皇时，寻求仙药的愿望愈加急切，多次派人出海寻求，却都是徒劳无功。秦代时，已经有了炼制丹药的活动，即提炼丹砂。古人最初对炼丹的认识大致分内丹和外丹两种。内丹以天地为阴阳，人体为丹灶，下丹田为鼎器，心火为离，肾水为坎，通过吐纳练气，阴阳契合，在人体内炼出丹药。外丹主张体外炼丹，最初以草木炼制，由于草木在炼制中易毁败，因此黄金和丹砂成了理想的炼制原料。尤其是丹砂，即红色硫化汞，经烧制后析解出水银，水银与硫磺合成黑色硫化汞，加热后又变成丹砂，“烧之愈久，变化愈妙”，被视为上品。炼丹家认为经过炼制的黄金和丹砂可变为不死药，服用后可延年益寿。据说，当时有“韩终丹法”和“羡门子丹法”，用蜜或酒拌和丹砂服用。西汉时产生了真正的炼丹术。汉景帝时期出现了较为普遍的“伪黄金”的炼制，即炼丹家用丹砂炼制成的仿黄金，说明当时冶金技术水平已经很高了。炼丹术在汉代规模越来越大。据《史记》记载，李少君曾上书汉武帝称“祠灶则致物，致物而丹砂可化为黄金，黄金成，以为饮食器则益寿，益寿而海中蓬莱仙者可见，见之以封禅则不死”。汉武帝为求长生，“始亲祠灶，遣方士入海求蓬莱安期生之属，而事化丹砂诸药齐为黄金矣”。另外，汉武帝收狱淮南王刘安时得到《枕中鸿宝苑秘书》，这是文献记载的最早的关于外丹黄白之术的专著。汉武帝之后的汉宣帝、成帝、哀帝、王莽和汉桓帝都喜好神仙方术，这无疑刺激了炼丹术的不断发展。东汉末期，张陵创“五斗米教”，传黄帝九鼎丹经；新野人阴长生，传太清金液神丹经。炼丹术与早期道教相结合，并随着道教的兴起而得以进一步发展，到魏晋南北朝时期达到了鼎盛。

2. 汉代炼丹术的著作

汉代，炼丹家们总结炼丹经验，写成了一些炼丹著作，其中记载了不同的炼丹方法。成书于两汉之际的《黄帝九鼎神丹经诀》，记载了铅汞还丹的炼制方法，属于火法，即无水冶炼法。东汉末的魏伯阳和狐刚子都采用火法炼丹。魏伯阳著有《参同契》，共三卷。该书以阴阳五行学说为基础，假《周易》纳甲、十二消息及六虚等说言内外丹之周天火候及成丹过程的阴阳变易之理，是最早的介绍炼丹术的著作。狐刚子著有《五金粉图诀》和《出金矿图录》，分别记载了“九转铅丹法”和“炼石胆取精华法”，在提炼硫化汞和用干馏法制取硫酸方面具有极高的理论与实践价值，对于后一种方法的记录比西方早了五六百年。《三十六水法》是一部水法炼丹的著作，记载了溶解三十四种矿物和两种非矿物的五十四个方子，介绍了用醋和硝石的混合液来溶解金属与矿物之法，并掌握了铁对铜盐的置换反应的知识，为唐宋时期水法炼铜（胆铜法）奠定了基础。

秦汉三国时期的炼丹术，直接推动了医药化学、冶金化学的发展，中国古代化学在不断发展的过程中显现出科学而又神秘的特点，也影响到中国古代科学技术思想与文化的整体面貌。

第四章　思　想

秦汉三国时期是中国传统思想发展的重要阶段。封建大一统成为时代的主导思想，深刻影响着国家和民族的历史走向，特别是思想文化层面上大一统观念的形成，是影响着汉民族与诸多少数民族趋向民族大融合的重要因素之一。因此，这一时期思想文化呈现出多元一统的繁荣局面，奠定了中国古代思想发展史的基本格局。

一、秦汉时期的统治思想

秦汉时期的统治思想大致可以划分为四个历史阶段：秦朝（前 221—前 206）推行法治；西汉初（前 206—前 141）崇奉黄老；西汉中期至东汉初期（前 140—88）独尊儒术；东汉中后期（89—220）儒学衰微。秦汉时期统治思想的变化都与中央集权制的产生、发展、强大、衰微的运行状况有关。

1. 秦朝尚法

前 221 年，秦始皇吞并六国，第一次在中国建立了统一的中央集权制的封建国家。秦统一的原因是多方面的。战国末期，以秦为主体的兼并战争，使国家走向统一的发展趋势愈加明显。秦国拥有着许多有利于统一的因素和优势，其中最主要的有利因素是自商鞅变法以来，奖励耕战，建立起新兴的地主政权。与商鞅变法密切相关，秦国选择了法家思想作为自己统一六国、建立君主专制的理论基础。商鞅在秦孝公时推行两次变法，在政治上主张“一任于法”，强调统一法令“为治之本”，并以“壹刑”“农战”等政策为其法治理论的重要内容，认为儒家鼓吹的“仁义”“不足以治天下”，而是削弱国力的“六虱”之一，提出了“任其力不任其德”“不贵义而贵法”等政治伦理观点，为其法治主张服务。其实，商鞅重法的思想并不完备，它只是秦朝统治思想的初创基础，而真正为秦朝建立起完整的理论体系并着力推行的是荀子的两个学生韩非与李斯。

战国晚期，此前诸子争鸣中“譬犹水火”的各家学说走向了“相反而皆相成”的综合创新阶段，其中最有成绩的是荀子和韩非。战国中期的百家争鸣，各引一端，而九家之术有一点是一致的，即都主张君主集权制，这就是《周易·系辞》所说的：“天下同归而殊途，一致而百虑。”

而荀子和韩非正是在这方面做出了创造性的贡献。荀子提出“隆礼重法”，一只脚已经迈出了儒家的门槛，而他的学生韩非综合先秦法家诸派而合黄老刑名成一大学派，传承荀学而完全跨出了儒家的藩篱。秦朝建立大一统制度，基本上采用了韩非的刑名法术学说。

韩非的学说以法家为主干，并吸收荀子改造过的儒家学说、老子的道家学说。法家在韩非以前有法、术、势三派，即商鞅、李悝之法，申不害、尹文的术，慎到的势。韩非对这三派学说进行整合，建构了完整的行之有效的专制主义的政治理论。

集一切权力于君主一人，单靠法还不成，还有造成一种必然与必须之“势”和驾驭臣下的权术和愚民政策。这是慎到（约前395—约前315）和申不害（约前385—前337）的主张。“势”指君主的地位和权力。《慎子·威德》：“贤不足以服不肖，而势位足以屈贤矣。”韩非说：“势者，胜众之资也”，“君执柄以处势，故令行禁止”，应使势与法结合，“抱法处势则治”。“抱法”即坚持执行政策法令，“处势”即凭借独擅的权势去实行统治。而“失势委法”，则尧舜“不能治三家”，“知势位之足恃，而贤智之不足慕也”，仅有“势”还不足以造成君主绝对之权威，还要有“术”。术指君主统治的实际操作手段和策略。道家和法家都推崇“君人南面之术”，并有详细的论述和总结。道家鼻祖老子的五千言《道德经》大半是讲阴谋权术的，韩非对此颇感兴趣，著有《解老》《喻老》两文，弃其柔弱无为自然之旨，取其讲阴谋法术之精要。法家重术以申不害为代表。韩非进而阐扬蹈厉，他说："术者，因任而授官，循名而责实，操杀生之柄，课群臣之能者也。"君权用术，立论于"尊君卑臣，崇上抑下"之说，君主"示天下无为"，把"术藏于胸中"，以驾驭他手下的人。权力高度集中在君主一人手中，实行最高统治者（君主）的"独视""独听""独断"的个人说了算的统治，不容许大臣"蔽君之明，塞君之聪，夺之政而专其令"。

韩非的著作传到秦国，秦王嬴政看了《孤愤》《五蠹》这些文章十分赞赏，说："嗟乎，寡人得见此人与之游（相处、交游），死不恨（遗憾）矣！"秦攻韩是为了获求韩非，秦王政十四年（前233年）韩非入秦。但是，曾经与韩非一同师事荀子的李斯，忌妒韩非的才能，向秦王进谗言，结果韩非下狱自杀，秦王政为此而后悔不已。韩非虽然死于秦国，但是秦始皇、李斯却坚定不移地实践了他的理论，建立了中国历史上第一个强大的封建中央集权制国家。

秦始皇为什么赞赏韩非的学说并将法家思想确立为立国的统治思想呢？因为秦始皇要统一六国亟须要法、术、势合一的君权专制思想，在当时唯有法家最深刻地阐发了新兴的王权政治的根本精神，唯有法家能为专制王权设计出一套最精密最有效的操作系统，唯有法家才真正体现了专制王权的本质。客观上说，秦始皇的选择是一个巨大的进步。春秋战国之际的社会大变革，实质上就是王权作为一种独立的政治关系逐渐从宗法关系中分离出来，诸子各派的墨、道、名诸家尽管对王权的态度不一样，但他们都不同程度地主张抛弃传统的宗法秩序。而儒家却有条件地承认王权的合理性而坚持以宗法关系来规范王权，这必然与不别亲疏、主张彻底摧毁三代以来形成的宗法社会和关系的法家形成尖锐的对立。秦灭六国以后，正统派儒家、阴阳五行家在朝廷上还有一定势力，他们与以李斯为代表的法家学派之间的较量也是必然的，而且也是相当激烈的，斗争的焦点集中在中央集权与分封诸侯或者说实行郡县制还是实行分封制的争论上。前221年，天下初并，以丞相王绾为首的群臣主张将燕、齐、楚等边远地区分封给皇子为王，遭到李斯的反对。他主张实行郡县制。秦始皇听从李斯的建议，下诏将全国划分为三十六郡。前212年，秦始皇在咸阳宫设宴，博士及群臣都参加，博士齐人淳于越又提出来，要秦始皇学古法，分封皇子功臣为诸侯，丞相李斯严斥儒生不师今而学古、各尊私学、诽谤朝政的活动，认为如此不加禁止，就会使君威降低，朋党形成。他请求秦始皇将不是秦国记载的史书一律烧毁，除非博士官所执掌，天下敢有收藏《诗》《书》和诸子百家著作的，统统交由地方官一并烧掉，有敢谈论《诗》《书》的处死，借古非今的灭族；官吏知情而不检举的同罪。命令下达三十天不焚书者，处以黥刑，充军边境，夜筑城墙，昼侦敌情。医药、占卜、种植之类的书不在焚毁之列。如果要学习法令，就以官吏为师。这就是“焚书”之举。前211年，方士为秦始皇求神仙不得，畏罪逃走，秦始皇大怒，于是派御史捉捕审讯这些人。秦始皇亲自判决违法犯禁的四百六十多人为死罪，全部活埋在咸阳。这就是“坑儒”之举。“焚书坑儒”之后，法家思想取得了绝对的统治地位。

应当说，法家思想在战国末期及秦朝建立的初期，为建立中央集权制、推动国家由分裂走向统一的过程中是有进步意义的，但是任何思想都存在着正面积极与负面消极的两种作用。无论是思想家韩非，还是政治家秦始皇、李斯，他们的法家思想理论以及贯彻、实践这些思想的作为，都具有两面性，一面是对建立中央集权制的统一国家有利；另一方面，又主张严刑峻法统治一切。这不仅是地主阶级用来对付六国旧政权的武器，同时也是用以残酷镇压人民的暴政工具。伴随着废分封、行郡县、建立新的官制、统一文字、统一度量衡等有利于国家统一的措施的实行，也把封建君主专制主义推向极端，正面进步的作用被负面消极的作用取代，使秦朝国家机器的职能完全变成了镇压劳动人民的工具。而以秦始皇、李斯、赵高为首的统治集团也由励精图治、积极进取变得愈来愈骄奢腐化。建阿房，修骊山，筑长城，使民不堪命而起来反抗时，他们就利用法家教给他们的那一套手段来残酷地镇压人民，因而使得阶级矛盾到了不可调和的地步。前 210 年，秦始皇病死，宦官赵高利诱并勾结李斯背叛了秦始皇用扶苏做自己皇位继承者的旨意，阴谋拥立秦始皇第十八子胡亥为皇帝，并伪造遗诏杀害了扶苏和守边大将蒙恬，政权落在了胡亥与赵高手中。到秦二世即位，以法家为统治思想的秦王朝只剩下黑暗、残暴的一面，使秦强盛的学说转成为促秦灭亡的学说，胡亥厉行督责，昏暴无比，秦崩溃的条件全部成熟了。

西汉中期的史学家司马迁曾评价韩非等法家人物的学说“极惨礉（残酷苛刻）少恩”，因而韩非“终死于秦，不能自脱”。其实，作为尚法而走向极端的秦始皇，也是无法“自脱”于历史的批判的。李斯任丞相的后期，为了个人免除祸难而迎合秦二世，上书秦二世“行督责”，“灭仁义之涂，绝谏说之辩，荦然行恣睢之心”，已经完全失掉了人格力量，最终也“不能自脱”而“被五刑死”。秦王朝统治集团的重要人物为汉朝统治集团留下了许多历史教训。

2. 汉初崇奉黄老

从前 206 年刘邦建立汉政权，到前 141 年汉景帝死，这段时间是西汉前期。在这六十余年中，文化思想处在多元状态中，以黄老思想为代表的道家思潮基本上占据优势。

但是，儒家思想也开始由秦朝的潜伏而活跃起来，以《礼记》为代表的儒家宗法主义思潮，逐渐渗透到国家的社会政治生活中去，成为从先秦儒学到董仲舒儒学的过渡环节。

汉高祖刘邦初定天下，曾与谋臣陆贾就怎样确立新的统治思想及其理论基础问题进行过一次争论。据《史记·郦生陆贾列传》记载，陆贾向汉高祖进言时多称《诗》《书》，高祖骂道："老子是在马上取天下的，哪里用得着《诗》《书》！"陆贾说："在马上取得天下，难道可以在马上治理天下吗？试看商汤、周武王以武力夺取天下，便顺应形势以文治巩固政权，文武并用，才是长治久安的办法。从前吴王夫差和智伯穷兵黩武以致败亡，秦朝使用严刑酷法不知改变，终于毁灭了自己。假如秦始皇统一天下以后，施行仁义，效法三代的圣王，陛下又何以得天下？"高祖听了陆贾的话，有所触动，对陆贾说："你试着替我论证一番秦朝失去天下，我取得天下的原因是什么，以及三代成功失败的各有些什么经验教训。"陆贾所提供的不过是儒、道两家思想的粗浅凑合，还未形成明确的治国方略。他著述十二篇，每在朝廷上念给高祖听，高祖皆"称善"，群臣皆喊"万岁"，把他的书称为《新语》。

秦朝的迅速崩溃，使汉初统治集团开始从历史中总结教训，汉朝王权由黄老而独尊儒术是经历了五代人的探索而做出的选择。

汉初统治者选择黄老思想也是当时客观形势的需要。

当时正是在一场大规模的农民战争和接连而来的四年多的楚汉战争之后，生产力遭到极大的破坏，人民离散，土地荒芜，国家贫弱，一个残破凋敝的社会提出了必须休养民力、恢复生产这一历史要求。而黄老学说倡导的“清静无为”“无为而治”投合了汉初休养生息的政治需要。黄老之说的理论特点，一是兼综阴阳、儒、墨、名、法；二是改造老庄的消极无为论，将天道与人事联系起来，主张“无为而有为”的积极无为主义的政治学说，主张“君无为而臣有为”及“因时循势”“待时而动”，通过顺应客观形势和自然规律的变化而做到有为。黄老之学在汉初已有多种著作。如《黄老帛书》中提出的无为政治，包括“文武兼行”“先德后刑”“赋敛有度”“节用民力”等主张；而《鹖冠子》则提出“四海一家”的政治理想，为全国统一提出理论论证，主张君尊臣卑、任贤施能和重视兵道。黄老学说的上述主张，适应了汉初缓和社会矛盾、恢复和发展经济，以及统治阶级革除秦朝弊政、矫正专制王权极端化产生的暴政而巩固新王权政治的需要，因此对汉代社会的发展起到了积极的推动作用，到吕后执政时期已见成效。司马迁说：“孝惠皇帝、高后之时，黎民得离战国之苦，君臣俱欲休息乎无为，故惠帝垂拱，高后女主称制，政不出房户，天下晏然。刑罚罕用，罪人是希，民务稼穑，衣食滋殖。”

汉初重臣大都奉行黄老无为之说，作为自己执政安民的指导思想。如曹参“为汉相国，清静极言合道，然百姓离秦之酷后，参与休息无为，故天下俱称其美矣”。他为齐丞相时，“其治要用黄老术，故相齐九年，齐国安集，大称贤相”。百姓歌之曰：“萧何为法，顜若画一；曹参代之，守而勿失。载其清静，民以宁一。”而萧何也是奉行黄老之术的人物，他利用百姓痛恨秦法的情绪，顺应潮流除旧布新。张良也是好黄老之术的人物，不过走向疏远政治斗争而追求无为的养生之道。陈平，“少时，本好黄帝、老子之术”。他运用黄老“无为而无不为”的智慧，在吕后时期，处于统治集团复杂的政治斗争之中而能从容应对，自免于祸，在铲除诸吕势力的夺权斗争中化解尖锐的危机，消除国家的祸患，保持荣耀终身，号称贤良丞相。如果没有黄老之术的智慧和谋略，谁能做到这个地步呢？汉景帝时为太子洗马、汉武帝时为东海太守的大臣汲黯，“学黄老之言，治官理民，好清静”，“治务在无为而已，弘大体，不拘文法”。西汉前期，窦太后是当时流行于朝野的黄老之学的突出代表，由于她的影响，文帝、景帝及大批朝臣、外戚不得不读“黄老”、《老子》，“尊其本”。窦太后死后，黄老之术的权威地位才开始动摇。

黄老之学形成于战国后期，而西汉初期是黄老学派的兴盛时期，其代表作是司马谈的《论六家要旨》和刘安组织门客编纂的《淮南子》。《论六家要旨》站在黄老学派的立场上总结先秦至西汉时期的文化思想及学术流派辨析的理论著作，对阴阳、儒、墨、名、法、道德六家的理论宗旨和学说特点做了精确而切近的概括。其中说的“道德”即道家，实则指黄老道家，是黄老刑名综合性的学派。司马谈讲的“其术以虚无为本，以因循为用”，“虚者道之常也，因者君之纲也”是黄老之学的灵魂。“虚无”是道的永恒规律，“因循”是国君治国安民的纲领。这里的“因循”，用于自然，即指顺应自然的变化；用于社会，则指顺应百姓的心愿。《淮南子》的思想比较庞杂，但基本上是《吕氏春秋》的继承和发展，它广泛地吸取了西汉中期以前的老庄及黄老学的思想资料，可以说，它既是一部集道家黄老之大成的理论著作，又是一部西汉初期统治集团以黄老之术为统治思想的历史经验的总结。历史地看，黄老之学是由先秦诸子之学过渡到董仲舒为代表的汉代儒学的一个中间环节。它在中国思想史上，起到了由道家的客观唯心主义“道”论向王充的唯物主义“元气自然”论转变的桥梁作用；同时，它又起到了由先秦唯心主义阴阳五行说向董仲舒“天人感应”神学目的论哲学演变的桥梁作用。黄老之学的历史观虽然是唯心主义的，然而在汉初却是主张社会进步的历史观。

3. 汉武帝的“独尊儒术”

从前 140 年汉武帝即位，到 88 年汉章帝去世的两百多年间，是汉朝儒术统治思想确立和巩固阶段。汉武帝独尊儒术是以儒家思想统一各家，变多元格局为文化一元格局，历经武、昭、宣三代，到汉元帝时期，儒家思想的统治思想地位才得以全面、真正确立。

西汉时期的统治思想由黄老而儒术，窦太后之死是个转折点。窦太后在世时，汉武帝已即位，他虽然好儒，但不能放手去支持朝廷上的儒家人物。这里可以举出在武帝上台、窦太后死前发生的一桩大事来说明。朝中支持儒学的郎中令王臧与御史大夫赵绾，两位都是以《诗》学著称的大儒申培的学生，他们趁汉武帝初即位，建议“立明堂以朝诸侯”，汉武帝听从他们的建议，派人把申公接到京城长安，任命他为太中大夫，“舍鲁邸，议明堂事”。然而“太皇窦太后好老子言，不说（悦）儒术，得赵绾、王臧之过以让（责怪）上（武帝），上因废明堂事，尽下赵绾、王臧吏”，后来又逼迫他们在狱中自杀，申公也因病免官归乡，数年后就死了。汉武帝在这件事上不得不屈从老祖母窦太后。但窦太后的阻挠，也改变不了以儒黜道的大趋势。汉武帝征召方正贤良文学之士，新老儒学名家群集京师。尤其是后起的新儒生如胡毋生、董仲舒、公孙弘、孔安国、周霸、兒宽、主父偃等在朝中形成一股强大的黜黄老的儒门势力。这些后起的新儒生，大都能扬弃传统儒学的一些旧义，广泛吸取刑名法术及阴阳家言，适应了巩固封建大一统的现实政治的需要。窦太后一死，这批儒者大都做了高官，以公孙弘为例，他精通《春秋》，因而从平民提升为皇帝身边的三公，封为平津侯。从此，天下的学者像风吹一边倒似的倾向儒学。再如申培公的学生当博士的有十多人，孔安国官至临淮太守，周霸官至胶西内史，鲁赐官至东海郡太守。伏生的再传弟子兒宽官至御史大夫。如此看来，汉武帝“独尊儒术”不是一件偶然的事件，是势所必然。

“儒术”是董仲舒建构的，它是融合儒法杂以阴阳的统治术。

董仲舒（前179—前104），西汉广川（今河北景县西南广川镇）人，汉代儒学的巨擘。他的一生大致经历了治经讲学、对策任相和居家著述三个阶段。

董仲舒是封建正宗神学的奠基者，他创立的新儒学体系，神化了君权与封建统治，在理论上为汉武帝及后世两千年的历代统治者禁锢、杀戮人民提供了思想囚笼与屠刀。同时，董仲舒也是一位任儒慎行的知识分子，忠实地践行着先秦以来儒家优秀的学术传统，在积极济世与著书立说之间寻求人生的价值与意义。他的学说虽然旨在神化封建统治，但在鼓吹君权神授的同时也宣扬“谴告说”，对帝王的行为进行威慑与约束，较之公孙弘等沽名钓誉的俗儒，董仲舒始终葆有自己独立的人格与精神。

董仲舒所处的时代正值西汉前期，是封建中央集权大一统国家确立与发展的重要转型时期。特别是汉武帝即位后，国家在政治、经济、军事层面上的封建大一统局面基本形成，为了进一步巩固与发展封建中央集权统治，亟须在封建社会意识形态领域实现统一。董仲舒以儒为体，以法、阴阳为用，建立了一套完整的、旨在维护与巩固封建中央集权大一统的新的儒学体系。这是一个完整的今文经学思想理论体系，大致包括“天人感应”学说、“性三品”的人性论、“三纲五常”的伦理观、“三统三正”的循环历史观、“春秋决狱”原则，以及有关阶级调和论等等。

“天人感应”学说是董仲舒的新儒学体系的理论根基，是他对天人关系的思考与阐发。他认为，天是至高无上的人格神，是具有意志的“百神之君”，世界万物都是按照天的意志存在与变化。人与天是相合的，是禀天地之精气的结果，人在天地万物间最可贵。人的形体化天数而成：成人有骨 366 节，与一年的天数相合；大骨 12 节，与一年的月数相合；五脏与五行相合；四肢与四季相合。人的善恶、贪仁、寿夭、贵贱也都是受天地之精气不同所致。天子受命于天，是“百神之君”的天派来管理统治百姓的，“天之生民，非为王也，而天立王以为民也”。然而，“天子命无常，唯命是德庆”，只有有德才能得到天命；天子要顺天而行，否则上天会降临灾异，以示谴告和警悟。董仲舒的“天人感应”学说最终的落脚点是人以德感天和天以灾异、符瑞示人，既确立了“君权神授”至高无上的天命原则，又具有约束乱政的“变命”的警示作用，是典型的封建神学目的论。

以“天人感应”为理论核心，董仲舒构建了封建中央集权大一统的理论大厦。董仲舒提出了“性三品”的人性论，从阴阳五行的气化推出“人副天教”“天有阴阳，人有贪仁之性”，说明伦理与性欲的对立，并依据具体个人的道德与性欲的不同，分为“圣人之性”“斗筲之性”“中民之性”三品。他又提出了“三纲五常”的伦理观。“三纲”，是指君使臣事、夫主妻助、父生子养，即所谓的君为臣纲、父为子纲、夫为妻纲。忠君、持孝、守节成为封建社会伦理关系最基本的体现。“五常”，是指仁、义、礼、智、信，五常之道与五行相应，木主仁、金主义、水主礼、火主智、土主信，构成了封建社会道德的五种基本原则，体现了天命王道统治的神圣与永固。他还提出了“三统三正”（三统说）的循环历史观。“三统三正”是指正黑统、正白统、正赤统。认为要通过徙居处、更称号、改正朔、易服色等具体的改制措施以顺应天命，新王朝以此建立起一整套封建一统的政治制度。“三统三正”以黑、白、赤三色象征新王朝建立时呈现的不同的物象与符瑞以及它们所采用的不同历法：夏为黑统，建寅，以一月为岁首，色尚黑；殷为白统，建丑，以十二月为岁首，色尚白；周为赤统，建子，以十一月为岁首，色尚赤。董仲舒认为，三代更迭其实表现为“三统三正”的循环交替，三代以后亦然。这具有明显的循环论色彩。

除了上述主要理论之外，董仲舒还提出了一些有利于巩固封建中央集权统治的具体原则和措施。“春秋决狱”原则，即用《春秋》等儒家经典对法律制度进行论证与指导，并将儒家经义贯彻到具体的法律实践活动中。董仲舒“作春秋决狱二百三十二事”，利用儒家经义弥补秦汉法律制度的缺陷与不足，可谓将经学引入法律机制的第一人。“春秋决狱”的主要原则有“原心定罪”“君亲无将，将而必诛”“诛首恶”“亲亲得相首匿”“恶恶止其身”“以功覆过”等，在一定程度上改变了繁法严诛的局面，缓和了阶级矛盾，有利于社会稳定与经济发展。然而，董仲舒以《春秋》及其他诸经的微言大义作为基本的法律原则，因而缺乏明晰性、条理性和严肃性，在一些具体的实践环节与问题上往往出现混乱与抵牾，甚至违背了基本的法律精神与原则，对于中国古代法制的发展也产生了消极的影响。此外，董仲舒还提出了塞兼并、薄赋敛、省刑罚、举孝廉、兴太学、限民名田、禁杀奴婢、盐铁皆归民等一系列旨在调和阶级矛盾的主张，涉及社会政治、经济、文化、教育、法制等各个方面，对于巩固封建中央集权的统治起到了积极的指导作用。

董仲舒鉴于秦始皇把君权绝对化的历史教训，试图创造一种模式，化解专制王权与儒家的政治理想之间的矛盾，建构成一个天命神学性质的天人整体之说，使王权与儒家政治观统一起来，以适度限制君权的膨胀。从历史上的君王专制到现实的专制君王——从秦到汉的中央集权制度中的君王专制，骨子里浸透着法家精神，他们都把那些儒家价值信念的承载者“圣王”与专制王权的私利绝对对立起来，认为唯有自己的权位私欲才是绝对神圣不可侵犯的。自秦始皇以后，专制王权的统治在中国历史上便成为不可动摇的定命，而法家思想便永远寄生在专制王权的躯壳之中。汉武帝作为西汉中期被强化的专制王权的代表人物，接受董仲舒“儒术”思想系统中的“天人感应”说、“君权神授”说，其前提在于：这一思想模式承认、肯定了专制王权的绝对权力和绝对主宰地位。这种以对专制王权妥协为前提条件的“儒术”，必然要破坏或改造孔子儒学作为“表”层装饰，来包容专制王权所必需的法家思想而成为统治思想精魂，使儒家学说蜕变成“儒表法里”的“术”。尽管董仲舒以“屈君而伸天”的主张来发挥儒学的社会功能，以阴阳理论构建起的天人感应、灾异谴告说来抑制现实专制君王的多欲本性，但是，专制王权的非理性本质，决定了它必然要弱化儒的思想而强化法的作用，破坏汉初建立起来的政治平衡格局。

二、两汉经学

1. 经学形成的思想政治背景

经学是指中国历代训解和诠释儒家经书的一门学问，

其起源往往追溯到春秋战国时代的子夏和荀子。“六经”或“五经”在先秦时期形成，是三代以来用文字记录下来的“原典”。《庄子·天下》说：“其数散于天下，而设于中国者，百家之学，时或称而道之。”诸子百家都读这些三代传下来的典籍。不过，“其在于《诗》《书》《礼》《乐》者，邹鲁之士、搢绅先生，多能明之”。邹鲁这个地方的儒家人物（学者与官吏）对这些典籍都下过很深的功夫，特别是孔子对“六经”进行整理并用来教授徒众，因而传之子夏和荀子就被儒家化了。

汉初几代皇帝多好黄老之术，黄老思想成为主流意识形态，但这并非说统治阶级不用儒家思想，不读儒家化的“五经”。刘邦建国做皇帝，陆贾、叔孙通就为他制礼作乐、定朝仪，陆贾对刘邦明确说马上得天下，但马上不能治天下。他作《新语》主张采用儒家政治学说来管理国家。汉文帝时，贾谊总结秦朝失败的原因是“仁义不施”。儒家思想虽然“难与进取”，但却“可与守成”。尽管汉初统治者奉行黄老之学，但是朝廷上以儒家显贵的官僚不乏其人。他们劝导汉朝统治者要重儒术，主张“文武并用”，因而在教育方面，在太学里很早就设置了经典的课程。

汉武帝做了皇帝，标志着一个大规模的变革时代的开始，武帝如果再用黄老之学，继续高唱“清静无为”的老调，那等于自捆手脚，自设障碍了。武帝上台之后，汉帝国经过六七十年的休养生息，整体国力已相当富强了。他要凭借强盛的国力创造出新的文治武功，必须先改变思想意识形态。这时以儒家仁义道德为旗帜，实际上融合了战国以来各家思想的新儒学被汉武帝看中了，其代表人物是董仲舒和公孙弘。他们一个是思想家，一个是政治家。董仲舒著《春秋繁露》，杂糅儒法两家的理论并取阴阳五行之说而成“儒术”；公孙弘任宰相，以儒术来“缘饰”汉武帝的政治，这种“外儒内法”“杂霸而治”的儒术适应了汉武帝外施仁义而“内多欲”的统治。于是董仲舒在《举贤良对策》中提出的“罢黜百家，独尊儒术”的治国方略被武帝采纳了。董仲舒治《公羊春秋》，是公羊大师，是今文经学的祖师爷。在他的倡议下，武帝立五经（《诗》《书》《礼》《易》《春秋》）博士，以通经作为选拔国家官吏的标准，治经、尊经成为当时的社会风尚。汉武帝实行的任何一项政策，经师们都能从儒家经典中给他找出理论根据。也正是从这种“缘饰”政治的目的出发，读经可以打通仕途。因为公孙弘建议汉朝政府从中央到地方各级长官都要配上儒生当助手，皇帝的诏令以及各级官吏的上下文书，都要引据经典，辞藻雅丽。“自此以来，则公卿大夫士吏，斌斌多文学之士矣。”于是经学自汉武帝以后大盛，成为中国文化的正统。这样，“经”就被赋予极为特殊的内涵，提到“经”，就指根本原则，不易之常道。经学的本质是“三纲五常”，即封建的政治伦理学。它的沿革变迁和整个封建社会的政治思想、学术文化的发展演变密切相关，对史学、文学、艺术、哲学等的影响极大。可以说，中国封建社会的一切文化学问都受经学的支配或制约。

周予同先生在《皮锡瑞〈经学历史〉序》中指出："今文学以孔子为政治家，以'六经'为孔子致治之说，所以侧重于'微言大义'，其特色为功利的，而其流弊为狂妄；古文学以孔子为史学家，以'六经'为孔子整理古代史料之书，所以偏重于'名物训诂'，其特色为考证的，而其流弊为烦琐。"虽有如此判别，但在推尊儒术、以经治国的思想原点上，今古文学则全无二致，汉代经学的核心原则是依经立论，即依据中心化了的儒家经典对当代制度文化予以规划。由于官学制度的设立，以及知识分子通经入仕的人生道路的设定，汉代经学对文化思想的影响就不仅仅表现在直接对"六经"的注释阐发上，也表现在一般儒者的思想观念以及一切关于文化的言说上。

汉代经学是儒学发展过程中的重要一环，先秦儒学在诸子蜂起的时代只能代表民间知识分子的一种文化立场，其制度文化建设与士人的心性关怀是两种对立立场。一是把经学作为政治工具，一是作为个人的必须修养，这也可以说是同一文化主张的两面，而同时落实在具体人"修身、齐家、治国、平天下"的理想之中。但到了汉代，尤其是武帝之后，儒学、儒术成为占统治地位的思想体系，这当中就有一个从民间文化立场转化为体制文化立场的过程。如果我们将意识形态理解为制度化的知识、思想和信仰体系，那么就可以说经过了一个意识形态化了的过程。在这一过程中，先秦孔子儒家思想发生了微妙的变化，先秦儒学被杂糅进了法家与阴阳家的思想而成为儒术。由此可见，汉代经学实际上是汉代儒士对先秦儒家思想的解释系统，其贡献在于尝试为儒家思想提供一个本体论的基础。

在这一过程中，汉代学者们发现，同一部经典存在两种不同的传本，今文经与古文经不仅在书写文字及训读方面有差异，而且版本源流也有所不同。于是，汉代经学发展到西汉后期，产生了两个相互对立的派别，即今文经学和古文经学。

2. 经学文献学的形成

经今文与古文之争有着特殊的历史缘起。秦始皇三十四年（前 213 年）始皇“焚书”，三年后爆发了大规模的秦末农民起义，“禁书”令随即废止。前 206 年，刘邦先入关中，属下萧何趁机收取保存在秦秘府里的律令版籍类图书。然而不久之后，项羽纵火焚烧秦宫，秦秘府里藏有的图书在三月不熄的大火中化为灰烬。这就是后来人们痛惜图书厄运时常常提到的“秦火之厄”与“火焚咸阳”。

汉王朝建立之后，统治者们对秦朝的文化政策进行了反思，并制定实施了一些相应的具体措施。汉惠帝四年

（前 191 年），废除“挟书律”，恢复了民间私人藏书的权利，继而西汉文帝和景帝时期又“大收篇籍，广开献书之路”。因此，到汉武帝时期，大力扶植经学，广征天下图书，设立专门抄录书籍的官职，儒家经典相继复出。其复出的途径主要有两条：一是凭借汉初儒者的记忆和口头传诵。在遭遇“秦火之厄”后，许多典籍的保存流传只能依靠记忆与口授，如《诗三百》“以其讽诵，不独在竹帛故也”而得以保全。汉初人们根据先师口授，用当时通行文字——隶书记录整理成书，儒家经典有了新的传本，称作今文经。汉武帝建元五年（前 136 年）立《诗》《书》《礼》《易》《春秋》等五经博士，“五经”都是今文经。二是搜求民间藏匿典籍。秦始皇“焚书”令实施后，像孔鲋一样的诸儒将许多典籍藏了起来。直到汉代，陆续从地下或墙壁中发掘出大量的古本典籍，是用先秦六国文字即蝌蚪文书写而成，称作古文经。张苍进献的《左氏传》、河间献王刘德搜罗到的《周官》和《礼经》、鲁淹中里出土的《礼古经》等都是古文经，尤其是鲁恭王刘余“坏孔壁”（推毁孔子宅壁）而从中发掘出《古文尚书》《孝经》《论语》等一批古文典籍最为著名。

从文献的视角来看今文经与古文经的区别，主要表现在各自所依据的文本不同。今文经的来历主要是口耳相传而后再著之竹帛。如《公羊传》，经过公羊五世口传，至汉始用隶书写定。再如今文《尚书》，据《论衡·正说》

说是伏生口授由晁错记录而成。古文经的来历则是流传下来或重新发现的经书古本。又如《周易》不在秦始皇焚书之列，因它是“卜筮之书，传者不绝”。又如《左传》，汉初张苍献《春秋左氏传》（又据《说文解字序》言刘歆校秘书，见古文《春秋左氏传》）。又如《毛传》，史载亦流传不废。今文经与古文经不仅有书写用的书体（隶与篆籀，六国文字）的不同，也有文字或语句、篇章方面的不同，当然更有因今文家与古文家的学术宗旨不同而说解的不同。现简述“五经”在汉代的流传、传授的状况如下。

《周易》。是一部古筮书，简称《易》，自汉代起被奉为儒家经典。据《史记·仲尼弟子列传》及《汉书·儒林传》记载，《周易》在何田以前的传授源流，以孔子为鼻祖，继之有商瞿→馯臂（字字弘）→矫子庸（名疵）→周子家（名竖）→光子乘（名羽）。然而，追溯自孔子，当为附会依托。秦汉之际，《周易》重要传人是田何。汉初的王同、周王孙、丁宽、服生四人跟随田何学《易》，并各写了一部《易传》，其中影响最大的首推丁宽。丁宽的《易》学传给田王孙，田王孙又传给了施雠、孟喜、梁丘贺。此后，西汉的《易》学即分为施氏、孟、梁丘三派。他们的基本特点是既重视文字训诂，又注意阐发《易》义。汉武帝立五经博士，这三派都被立于学官。到宣帝、元帝时期，在这三派之外，又出现了“焦京之学”。焦指焦延寿，京指京房。焦氏著《易林》，其学说以阴阳灾异为主要特征，使《易》学流入术数。京房是焦延寿的学生，著有《易》学书多种。汉元帝时，京氏《易》学与施、孟、梁丘三家并列学官。与此同时，民间流传费（直）氏《易》学和高（相）氏《易》学。西汉这六派《易》学分属今古文两个系统。施、孟、梁丘、京氏属于今文，费氏、高氏属于古文。西汉晚期，六派各以家法传授，而京氏《易》学最为兴盛。此风延及东汉，直到郑玄会通《易》，后跟马融学费氏《易》，今古文兼通后，他以费氏《易》为宗，又参择京氏《易》，完成《周易注》，此后，费氏《易》学日益兴盛，而京氏《易》学日益衰落。

《尚书》。是中国上古历史文件和部分追述古代事迹著作的汇编，是中国最古的书。亦称《书》《书经》，汉代改称《尚书》，一般认为由伏生于汉初传授时确定的。

秦始皇禁书，《尚书》损失很大。博士伏生将此书藏于壁间，西汉初取出，竹简已断烂不少。经过拼凑整理，仅存二十八篇，同后来汉武帝时民间所献的一篇《泰誓》相合而成二十九篇。此书是用汉代通行的隶书写成，故称《今文尚书》，经考证认为是可信的史料。

汉武帝末年，鲁恭王刘余毁坏孔子旧宅以广其宫室。在壁间发现用蝌蚪文写成的《书》的竹简，经孔安国校读整理，较《今文尚书》多十六篇，被称为《古文尚书》。孔安国将此书献给朝廷。至西汉末年，刘歆校书时发现，请立于学官，遭到今文家的反对，魏晋时亡佚，连石经也遭毁坏，现只有一些残存篇目和少量佚文。

现存的《古文尚书》是东晋初年豫章内史梅赜所献。该书把汉初的《今文尚书》二十九篇析成三十三篇，又从一些古籍中搜集文句缀成二十二篇，另新撰《泰誓》三篇，凑成了西汉刘向、东汉郑玄所称《古文尚书》五十八篇之数，这部书自宋至清经过不少学者的怀疑、考订，可以肯定是魏晋间人（王肃或其徒）伪造，而定性为伪造的《古文尚书》。

《尚书》在汉代的传授大致是：《今文尚书》在西汉分三途传授，形成欧阳氏学和大、小夏侯氏学，即所谓的《今文尚书》三家。汉宣帝时期，三家分别立于学官。其中欧阳氏立于学官的时间最早，影响也大，堪称汉代《尚书》学的主干。东汉灵帝时建立石经，《尚书》就采用了欧阳氏的传本。大、小夏侯氏学主要流行于西汉后期。东汉以后《今文尚书》逐渐衰落，为《古文尚书》所代替。当时的《古文尚书》有六个本子，即孔子家传本、中秘本、河间献王本、张霸伪百两篇本、鲁恭王破壁本、杜林漆书古文本。以上六个本子中，除张霸本当时即被废弃，剩下的五种，一般认为只有孔子家藏本和杜林本比较可信，其余皆难定真伪。

《诗经》。先秦时称《诗》或《诗三百》，汉代置“五经博士”，始与《书》《礼》《易》《春秋》并以经名。秦始皇焚书，《诗》是禁毁的重点，因而《诗》所传授处于秘密状态。汉初传习《诗经》的共有四家：鲁、齐、韩、毛，前三家属于今文，立于学官，《毛诗》一般认为属于古文，流传于民间。

《鲁诗》因鲁人申培得名。据《汉书·儒林传》记载，申培是荀子门人浮丘伯的学生，著有《鲁故》《鲁说》两种《诗》学书籍，门徒很多。孔安国、刘向等西汉大儒都宗主《鲁诗》，说明《鲁诗》在西汉的威信比较高。

《齐诗》出于齐人辕固生。他是汉景帝时的博士，著有《诗传》。《齐诗》后学好言阴阳五行、瑞祥灾异，汉元帝以后非常流行。《汉书·艺文志》著录《齐诗》方面的著作有《齐后氏故》《齐孙氏故》《齐后氏传》《齐孙氏传》《齐杂记》。

《韩诗》出于燕人韩婴。他在文帝时做过博士，景帝时做过常山王太傅，撰有《韩诗内传》《韩诗外传》，其中《外传》一直保存到今天。他的弟子撰有《韩故》《韩说》《韩诗薛氏章句》。

鲁、齐、韩三家流行于西汉，东汉以后《毛诗》兴起，三家诗遂逐渐衰落。据史籍记载，《鲁诗》亡于西晋，其遗说保存在《史记》《说苑》等书中；《齐诗》亡于曹魏，其遗说保存在《史记》《易林》《盐铁论》等书中；《韩诗》亡于宋代，其遗说除《韩诗外传》外，多散见于类书中。

三《礼》。包括《仪礼》《礼记》《周礼》。礼包括敬鬼神、区别尊卑的各种规定和仪节形式，主要是古代贵族等级的反映，其中也有一些氏族制礼俗的遗存。执礼是儒者的主要任务，身为儒者并且是儒家学派的创始人的孔子，素以好礼知礼闻名。现在流传的三礼，其成书皆直接或间接与孔子有关。

《仪礼》，为记载礼节仪式之书。《汉书·艺文志》载："礼古经五十六卷，经十七篇（原作七十篇，据刘敞说改）。"汉人以其所讲为士所必习的礼节称为《士礼》，相对于《礼记》而言又叫《礼经》。晋人以其所讲不是礼的意义，而是具体的仪式礼节，故称之《仪礼》。《仪礼》有今古文之分，今文经即汉高堂生所传之经，共十七篇。相传鲁恭王得自孔子旧宅的为古文经，五十六篇中，十七篇与今文经相同，但文字略有出入。余三十九篇，其篇目已无从考见，亡佚已久，称之为《逸礼》，今通行本十七篇。《礼经》出于众人之手，非一人所编定，不过其编者最大可能是儒家人物。

两汉时《仪礼》被立于学官，当时有三个本子：即戴德本、戴圣本和刘向本。德为"大戴"，圣为"小戴"，为西汉礼家。据郑玄《三礼目录》记载，二戴传本篇次都与刘向所定的篇次不同，且篇题与正文字句也有歧异之处，现存《仪礼》十七篇的次序是东汉郑玄采用刘向所定的次序。

西汉初年，鲁人高堂生首先传授《仪礼》十七篇给其弟子萧奋，萧奋再传后仓，后仓撰成《后氏曲台记》一书，这是西汉第一部重要的《仪礼》注释书。后仓还培养出不少《礼》学专家，如著名的庆普、戴德、戴圣三人。后来这三位各自成家，汉宣帝时皆立于学官。

东汉时，二戴《礼》立为博士，庆氏《礼》流入民间。当时在《仪礼》方面最重要的著作是马融的《丧服经传注》和郑玄的《仪礼注》。郑注对十七篇逐句索解，具有很高的学术价值。郑注问世，标志着《仪礼》研究提高到一个新的高度。

《礼记》，为后儒汇集而成的孔子及其后学传述礼制谈论礼义的著作。在先秦多以单篇散章的形式流传，约在西汉前期被汇集、补撰成书。今传《十三经注疏》中的《礼记》即为其中一部分篇什，称为小戴《礼记》。

关于《礼记》的编订传说有二：一是由戴圣编订；一是由戴圣、马融、卢植共同编成而且是在删削《大戴礼记》的基础上编成的，此说遭清儒的批驳，戴震、钱大昕、陈寿祺、邵懿辰、皮锡瑞等人都作过有说服力的考辨，大体肯定了前一说法。从思想方面看，《礼记》既有孔子后学的作品，又有西汉初年的作品，反映了孔子以后儒学的发展以及西汉的改造。从社会历史方面看，《礼记》各篇反映了战国以后及西汉时期的社会变动，包括社会制度、礼义制度以及人们观念的继承与发展。从文化学与民俗学的角度看，《礼记》记载了许多古代礼仪、名物、典章及其沿革。

“记”这种文字形式，至少在战国时期已经具有相当数量了。秦汉以后，礼学家们根据传习的需要，各取所需，编造了各种《礼记》的本子。大约到东汉中期，经过社会的长期淘汰，二戴两种本子得到承认，被保存下来，成了习礼者经常要查看的参考书，只是从未有人作注。郑玄发凡起例，对小戴《礼记》加以注释，从此《小戴》与郑注《周礼》《仪礼》并列，合称“三《礼》”。郑注“三《礼》”，融合今古文说杂糅而成，使今古文得以会通，开创了综合研究“三《礼》”的新路径，也为后来者研究经学开创了范例。

《周礼》本名《周官》，《汉书·艺文志》著录《周官》六篇，颜师古注曰：“即今之《周官礼》也。亡其冬官，以《考工记》充之。”

关于《周礼》的真伪和成书的年代问题，历史上一直有争议。西汉末，刘歆始言《周官》为周公作；东汉郑玄始把《周官》称《周礼》，郑玄、马融、贾公彦等古文经学家都对周公作《周礼》这一说法深信不疑。汉以后的范浚、晁公武、魏了翁、杨慎、姚际恒等都认为《周礼》绝非周公作，而是后人伪托。胡宏、晁公武、洪迈、万斯同、康有为、廖平等更认为《周礼》是刘歆伪造出来的。张载、程颐、苏辙、朱熹、方孝孺、方苞等人都是信疑参半，认为此书是周公所作，但其间杂有后人添附改篡的成分。清人毛奇龄和皮锡瑞认为既不为周公所作，又非刘歆伪作，当是战国时期作品。成书于战国，有其历史根据。《周礼》所反映的历史实际不限于西周一代，而是综合了西周至战国这一大跨度的历史阶段的礼制状况，并且包括编纂者的社会理想成分在内，表现了对周制的向往。因此，《周礼》出自儒家无疑，但与孔子的关系较为疏远。

《春秋》。本是春秋时期鲁国史官按年月记载的大事记，等于鲁国的编年史。《左传》《公羊传》都说是孔子所修，孟子说《春秋》本是鲁国的史书，孔子依傍鲁史而作《春秋》，这等于说不是创作而是整理、修订，并取其义以行褒贬。司马迁在《史记·孔子世家》中本于孟子之说而有所阐发、补充。应该说，孟子、司马迁的说法是可信的。

孟子关于孔子作《春秋》说，奠定了经学独尊的理论基础。西汉今文经学以春秋公羊学的地位最为尊崇，汉武帝尊儒实际上是尊春秋公羊学，而春秋公羊学的全部根基，是建立在孟子关于孔子作《春秋》说之上。春秋公羊学大师董仲舒接受了孟子关于《春秋》讲天子之事的观点，并进而在《春秋繁露·三代改制质文》中明确提出《春秋》应天作新王之事的观点。他认为天人宇宙按照赤、白、黑三统的顺序依次循环终而复始，凡属易姓受命而王都得三统中的一统，而孔子《春秋》代表黑统新王制度，西狩获麟即孔子受命之符，但孔子有德无位，只好托于王鲁而作《春秋》，以当一王之法。《春秋》为后王立法之说，是董氏公羊学的理论核心与经世精魂。从孟子至《春秋公羊传》再到董仲舒，一个以孔子为枢纽的中华文化发展观形成了。孔子作《春秋》讲天人之事的说法，在儒家经学走向独尊的过程中起到关键性的作用。自从武帝独尊儒术之后，经学就一直作为中国封建社会意识形态的主体，这一点规定了中国传统文化是以儒家伦理学说为主干的基本面貌，影响了中国封建文化发展的全过程。

关于《春秋》三传，据《汉书·艺文志》记载，西汉时解释《春秋》的有五家，即左氏、公羊、穀梁、邹氏、夹氏，但是邹氏无师，夹氏无书，所以实际上是《左传》《公羊》《穀梁》三传在文化思想上产生了重大影响。

据说西汉的《左传》传自张苍。张苍传给贾谊，贾谊作了一部训诂传给自己的孙子贾嘉。从此以后，《左传》的传授范围日益扩大。然而至平帝以前，《左传》一直在民间传授，未被立于学官。汉成帝时，刘歆校理皇家图书，发现宫中所藏的古文《左传》，于是上书哀帝，建议将《左传》立于学官，但遭到今文博士的强烈反对。汉平帝时，王莽当政。王莽与刘歆同道，也喜欢《左传》，他运用政权的力量把《左传》立于学官。因《左传》为古文，一般人难以读懂，刘歆潜心研究，完成《春秋左传条例》及《章句》，始创通其大义。后人能读通《左传》，刘歆功莫大焉。在刘歆的影响下，桓谭、杜林、郑兴、贾徽、孔奋等人都通习《左传》。

《左传》远在西汉前即有书本流传，而《公羊传》到西汉初才第一次出现写本。首传《公羊传》的是胡毋生和董仲舒，二人为景帝博士。汉武帝即位，求贤良对策，这时胡毋生已致仕归家，而董仲舒则适逢其命，他的“天人三策”正中武帝的下怀。此后《公羊》学风靡西汉，成为显学中的显学。《公羊》的精髓在于“致用”。所以，董仲舒除挟其术上干君王外，亦将此学用于法律。他著有《公羊董仲舒治狱》十六篇，专以《公羊》决狱，所著《春秋繁露》一书，也阐发《公羊》学的深奥之旨。董氏的《公羊》学直接传给嬴公、褚大、段仲及吕步舒，嬴公传给孟卿及眭孟，眭孟传给严彭祖和颜安乐，于是《公羊》学又分严学与颜学。颜氏著有《公羊颜氏记》，严氏著有《春秋公羊传》，此二传专言禨祥灾异，把《公羊》的天人理论推向极端，到西汉末又和谶纬混为一谈，所以后来逐渐被人轻视。

东汉时期，《公羊》虽立于学官，但不为学者所重，其时可以称道的《公羊》学专家只有何休一人而已，此后《公羊》学完全衰微了。何著算是对两汉《公羊》学进行了全面总结，对今文经学的研究具有较高的价值。

西汉的《春秋穀梁传》传自鲁人申公，申公传给瑕丘江公。据说江公与同时说《春秋公羊传》的董仲舒并驾齐驱，但江公因讷于言语，所以在汉武帝面前议论《春秋》

大义时，不如能言善辩的董仲舒，因而《公羊》学大兴，而《穀梁》学则被冷落在一旁。江公之学传至荣广及皓星公，呈现出兴旺之象。荣广才高思敏，曾数困《公羊》大师眭孟，而皓星公的学问也特别笃实。由于他们二位的影响，使不少学者改学《穀梁传》。荣广之学传给周庆、丁姓及蔡千秋，蔡千秋又师事皓星公，再传给严更始，严更始撰成《穀梁章句》。到宣帝时，因皇帝好《穀梁》，于是《穀梁》挟帝王之势兴盛异常，出现了一批名家，最著名的是博学通达的学者刘向。甘露三年（前51年）五经博士会议在石渠阁召开，《穀梁》学竟大黜《公羊》学，获得全胜。

东汉以降，《穀梁》学日益衰微，在《春秋》三传中最不景气。东晋范宁《春秋穀梁传集解》，才使其不堕。

《春秋》三传各有特点，南宋朱熹说得最清楚。他说："《左氏》是史，《公》《穀》是经学。史学者记事则详，于道理上便差。经学者于义理上有功，然记事多淡。"又说："《左氏》虽见国史，考事颇精，只是不知大义，专去小处理会，往往不曾讲学。《公》《穀》考事甚疏，然义理却精，二人乃是经生，传得许多说话，往往不曾见国史。"以今天的眼光来看，《左传》的基本倾向是重人事，轻鬼神，否定天道观，与《公羊》家大讲天人感应、天道神圣针锋相对；《左传》把孔子还原为人，把《春秋》还原为史书；《公羊传》则把孔子称为"王""神"，《春秋》大一统思想贯穿在《公羊传》的全书中，主要表现为正名分、尊天王、讥世卿、攘夷狄，重礼制。《公羊》大师董仲舒将《春秋》大一统、权变、任德远刑、重民爱民等思想与阴阳五行说拼合在一起，给《春秋》公羊学思想加上一道神灵的光圈，使其立于不可动摇的神学基础之上。

综上所述，我们大致可以看出，古文经学是学术家的立场，多在民间流传、传授，与皇权政治的关系比较疏远，而今文经学是思想家的立场，投合皇权政治的需要而成为主流意识形态，因而都被立于学官而成为官学。虽然二者都是来自一个儒学传统，但在研读经典时，其立场、思路、倾向性完全不同，有人把它们分成“学者的”和“先知的”两种儒学流派，两种学术传统。就治学旨趣、方法来说，古文经学的根本特征是“考据”，是一种知识性的研究，追求以知识本身为价值标准，尽管古文经学家自己也声明说他们是由训诂而通义理，而不是为考据而考据，但是训诂考据是追求知识的真实确凿，而执着于自己的研究是否符合现实政治的需要。今文经学是根植于现实思想政治土壤的一种学派，受到统治者的重视，垄断着西汉一代及东汉初年的思想文化领域，除平帝及王莽时曾一度立古文经之外，都是今文经的一统天下。东汉一开始便罢废古文博士，完全承袭西汉，立今文十四博士。后虽立《春秋》左氏、穀梁传博士，不久而罢。仅立今文的情况一直延续到汉末，今文家的政治地位是古文家无法攀比的。汉武帝立五经博士，“劝以官禄，讫于元始，百有余年……大师众至千余人，盖禄利之路然也”。今文家为了维护自己独霸的“禄利之路”，也总是千方百计地贬抑古文学。

先秦儒学在诸子蜂起的时代仅代表了民间知识分子的一种文化立场，到汉代立于官学则转化为皇权服务的体制文化立场，即被改造成为主流意识形态化的知识、思想与信仰系统。从五经文本来看，今文经文本在这方面表现得最为突出，特别是《尚书》《春秋》《周易》，儒生们以阴阳五行和天人感应理论解释这些典籍，逐渐形成了机祥灾异之学和谶纬之学。这样，经典就被神圣化和神秘化了。

3. 经学之今文与古文之争

今文经学和古文经学两派的斗争还有一个特殊的学术背景，即鲁学与齐学之争。山东地区有两大学派在汉代经学中占有重要地位。鲁学首先兴起于儒学的发源地，代表性经典是《鲁诗》《春秋穀梁传》《鲁论语》等，其好古而迂谨，不信谶纬，在传授经籍、研习典章方面优势明显。齐学由鲁学派生而来，代表性经典是《齐诗》《春秋公羊传》《齐论语》等，其趋时而权变，多信谶纬，不因循守旧，善与时俱进是齐学最主要的特点。鲁学与齐学之争表现在争立官学上。汉文帝时《鲁诗》立于学官，申公为博士，鲁学的地位得到认可。然而汉景帝时，情形发生了变化，《齐诗》《春秋公羊传》《今文尚书》也立于学官，除申公外的辕固生、董仲舒、胡毋生、张生等四人同时立为博士，他们都是齐学。从此，鲁学在朝中受到压制。鲁学与齐学的明争暗斗不可避免。汉宣帝时，贬低《春秋公羊传》而推崇《春秋穀梁传》。甘露三年（前51年），汉宣帝主持石渠阁会议，两派学者们展开了激烈的论辩，最终鲁学的《春秋穀梁传》立于学官。鲁学由于得到最高统治者的支持而得以兴盛。尽管鲁学与齐学所据经典都是今文经，但在不断的斗争与发展过程中，鲁学往往“推迹古文”而逐渐演变为古文学派，齐学则坚持时变而演变为今文学派。所以，西汉后期出现的经今古文之争同鲁学与齐学之争莫不存有一定的渊源关系。

经今古文之争最初争论的表面问题是，到底谁才是儒学真传，谁的经典传本及其阐释最为可信。今文经学通经致用，发挥微言大义，结合阴阳谶纬，热衷现实政治，推崇“托古改制”的孔子，以《春秋公羊传》为主。古文经派尊古求实，讲求文字训诂，研发经文本义，陈述历史事实，尊尚周公，以《周礼》为主。然而，学术短长之争实质上是学术正统之争。鼓吹学术真传的目的在于迎合统治者的思想意志，为汉室一统的全新政治局面寻求、制造经典依据和方案。谁的经典理论学说合理而实用，谁就能得到统治者的任用，占据学术正统的地位，从而在博士官及弟子员设置等问题的斗争中获得绝对优势。这正是《汉书·儒林传》里所说的“禄利之路然也”。今文经派由于权变而致用，迎合了统治者的需要，被立为学术正统。一旦古文经派也要求立于学官，为了保障既得利益、维护正统地位，今文经派必然强烈反对与阻挠，论争在所难免。

汉成帝河平年间（前28—前25），刘歆在奉命协助父亲刘向校书过程中，发现了《春秋左氏传》《毛诗》《逸礼》《古文尚书》等一批用古文字写成的古文典籍。经过研习比较，他发现《春秋左氏传》较《春秋公羊传》《春秋穀梁传》在真实、详明等方面更胜一筹，因此喜欢并推崇古文经。汉哀帝即位后，刘歆受王莽举荐出任光禄大夫，接替刚刚去世的父亲刘向的职位，领校“五经”。于是，刘歆向汉哀帝建议将古文经《春秋左氏传》《毛诗》《逸礼》《古文尚书》立于学官。汉哀帝让他同太常五经博士讨论，由于五经博士都是今文经派，自然遭到极力反对。丞相孔光也不支持刘歆。刘歆愤怒之余写了《移让太常博士书》给五经博士们。信中指出，暴秦燔书之后，经籍残缺，道术法度无所因袭。今文经仅凭口耳相传成书，却广立博士，其实都是诸子传说，不足为信。而古文经出于孔壁或其作者曾亲见孔子，可谓信而有征。况且今文经师抱残守旧，党同伐异，信口传说而非往古，从而使微学绝灭，大道失真，违逆圣意。所以，应该重视在野的古文经，立为学官。刘歆的《移让太常博士书》深刻批判了今文经学的缺点与不足，论证了古文经学的优点与合理性，是一篇言辞激昂、痛快淋漓的战斗檄文。从此，经今古文之争的格局正式形成。刘歆因此遭受到朝中龚胜、师丹等诸儒的猛烈抨击，被参奏为乱改朝章，诋毁先帝。刘歆虽然得到汉哀帝的袒护，但也承受不住巨大的压力，上书请求外放，出任河内太守，后来因病免官。古文经学仍然没能立于学官。

然而古文经学的春天已经来临。公元前 1 年，年仅九岁的汉平帝继位，王莽重新出任大司马，执掌朝政。王莽喜好古文，曾与刘歆同为黄门郎，因此将刘歆召回做官。刘歆依靠王莽的势力在朝中平步青云，受封红休侯，并成为当时儒林领袖。此时，王莽需要为代汉自立寻求理论依据，于是《春秋左氏传》《毛诗》《逸礼》《古文尚书》等古文经得以立于学官。8 年，王莽代汉，改国号为新。不久又将古文经《周官》立于学官，刘歆也受封嘉信公，拜为“国师”。因而在王莽代汉的前前后后，古文经学得到大力扶持而盛极一时，共有《春秋左氏传》《毛诗》《逸礼》《古文尚书》《周官》《乐经》等六经博士，都是尊奉古文经学的。今文经学由于宣扬谶纬感应、灾异符瑞也为王莽所用，并未受到打击压制，同古文经学一起为新莽政权服务，经今古文之争出现了同朝抗衡的局面。所以，经今古文之争已经演化成为儒学内部政治派系间争权夺利的斗争。

新莽政权十余年后覆灭。25 年，光武帝刘秀建立东汉政权。光武帝一反王莽的做法，立五经十四博士都是今文经学，《诗》有齐、鲁、韩，《尚书》有欧阳、大小夏侯，《礼》有大小戴，《易》有施、孟、梁丘、京氏，《春秋》有严、颜。今文经学在政治上再度得势。此时的古文经学已在社会与学者间广为流传，在学术上占有相当的优势。光武帝爱好经术，将众多经学家招致京师，最著名的有范升、陈元、郑兴、杜林、卫宏、刘昆、桓荣等七位学者，其中杜林、卫宏、陈元和郑兴都是古文经学家。古文经派蓄势待发，又一轮论争拉开了序幕。光武帝建武年间(25—55)，尚书令韩歆上书请立《费氏易》《春秋左氏传》博士。建武四年（28 年），光武帝主持南宫云台论辩。今文经派的代表人物范升首先发难，指出《春秋左氏传》不祖于孔子，师承不明，载事失实十四处，如果立于学官，就会造成经学界各执一端、乖戾纷争的局面。古文经派的韩歆、许淑进行了反驳。古文经学家陈元听闻范升非议古文，于是奔赴宫廷，先后上书十余次，与范升交舌论辩，光武帝最终决定将《春秋左氏传》立于学官，司隶从事李封为博士。后来李封病逝，在今文经派的争辩阻挠下，《春秋左氏传》博士被废。古文经学在朝中依然处于劣势。然而汉王朝的最高统治者显然有意调和儒家经学内部的论争，兼容并采的文化政策促使经今古文之争向新的趋势发展。

汉章帝建初元年（76 年），贾逵奉诏在北宫白虎观、南宫云台讲授古文经义。贾逵（30—101），贾谊的九世孙，他的父亲贾徽向刘歆学过《春秋左氏传》，向徐恽学过《古文尚书》，向谢曼卿学过《毛诗》。因此，贾逵在古文经学上有良好的师承家法。贾逵上奏《春秋左氏传》大义优于《春秋公羊传》《春秋穀梁传》之处，并比较了今古文《尚书》及齐、鲁、韩三家诗和《毛诗》的异同。尽管贾逵是古文经学大师，为了迎合汉章帝喜好，他还是用图谶附会《春秋左氏传》来发明经义，从而得以“给事近署”，古文经学几乎就是准官学。这一时期，儒家经学大师们意识到各自学派的一些缺陷，如今文经学结合谶纬而失之空疏，古文经学偏重故训而略显烦琐，于是相互研习，汉代经学开始走向合流。汉章帝建初四年（79 年）召开白虎观会议，今文经学大师李育以《春秋公羊传》为据同贾逵展开论辩，结果是“往返皆有理证”，《后汉书·儒林传》称李育为“通儒”。白虎观会议目的是讲论五经异同，统一儒家经说，为汉室政权服务。因此，会议上也出现了丁鸿这样今古文兼通的学者，“通人”受到推崇。白虎观会议论争的成果由班固结集成《白虎通义》，虽然融合了古文经学的一些观点，最终却是今文经派以法定的形式确定了一系列经学问题的标准与答案，成为一部封建法典性质的汉代经学集大成之作。

自汉章帝始，汉代经学合流已成大势。汉章帝建初八年（83 年）还诏令群儒选拔高才生学习古文经学。于是，通学今古经学成为学术风尚。贾逵的弟子许慎（约 58—约 147）著《五经异义》遍引各家经说，综合古今，被誉为“五经无双”。马融（79—166）注释《周易》时，继承古文费氏《易》学传统，又兼收今文孟、京《易》学的卦气理论，已然成为经学通家了。

汉桓帝（147—167）、灵帝（168—189）时期，今文经学与古文经学的论争仍然存在。今文经学家何休（129—182）著有《春秋公羊解诂》，标举《春秋公羊传》，追述李育之意，写了《公羊墨守》《左氏膏肓》《穀梁废疾》来攻击古文经学。曾著有《春秋左氏传解》的古文经学家服虔予以回击。此时又出现了一位兼通今古文的著名学者——郑玄。郑玄（127—200），字康成，精通京氏《易》和《春秋公羊传》等今文经学，又研习过《春秋左氏传》《古文尚书》《周礼》等古文经学，曾拜马融为师，可谓通今博古，是汉代经学的集大成者。郑玄不满何休的观点，有针对性地写了《发墨守》《箴膏肓》《起废疾》来为古文经正名。何休读后感叹道：郑康成进入我的屋子，拿起我的长矛，来攻击我。从此，郑玄成为经学领袖。他打破今古文间的界限，在整理儒家经典时立足于古文经学，兼采今文经学，创立了郑学。与郑玄同一时期的荀悦（148—209），在《申鉴》中最早提出平息经今古文之争的理论主张，他还依照《春秋左氏传》的编年体作《汉纪》三十篇，与郑玄彼此呼应，从此经今古文之争基本上宣告结束。

汉灵帝熹平四年（175 年），蔡邕奉命正定经书文字，用隶书刻写经文，又称“一字石经”，作为儒家经文的定本，共刻四十六块石碑，立于洛阳南开阳门外（今偃师朱家圪垱村）太学前，史称熹平石经。所刻经文有《周易》《尚书》《鲁诗》《春秋》《春秋公羊传》《仪礼》《论语》等七经。熹平石经以一家经文为底本，其他各家底本若有歧异，则在校记中说明。这表明到东汉末，官方已经有意识地对经学内部实行统一，熹平石经成为中国历史上最早的儒家经典官定本，经今古文之争最后的命运必然以合流告终。

经今古文之争几乎贯穿了汉代经学发展始终，合流之后随着以刘表、宋衷为代表的荆州学派的产生，汉代经学也走向终结，继之而来的是魏晋玄学的兴起。

4. 汉代社会批判思潮的杰出代表王充

两汉之际，谶纬神学思想的迷雾笼罩着整个社会，到东汉中后期更是恶性膨胀，它是专制王权走向绝境的产物，可以看作汉代统治思想发展的畸形儿。特别是东汉中后期，社会危机四伏，阶级矛盾重重，统治集团内部宦官与外戚的反复夺权中的凶残杀戮，王权与儒士之间平衡关系的破坏，随之出现党锢运动，这重重矛盾演变成大规模的社会动乱，谶纬神学根本无法挽救当时严重的社会危机。所有这一切，都标志着董仲舒设计的抑制王权的方案彻底失败，儒术的社会政治功能彻底消解、丧失。与此同时，儒家向道家寻求思想资料而开始的两家合流与互补，创造了东汉中后期的社会批判思潮和玄学产生的契机。

两汉之际和东汉中后期的社会批判思潮，是对谶纬神学的政治批判和理性思考，在哲学上成为两汉宇宙生成论向魏晋玄学本体论的过渡环节。这种坚持理性主义和现实批判精神的优秀学者，有两汉之际的扬雄、桓谭，东汉前期的王充与东汉中后期的王符、崔寔、荀悦和仲长统。他们所构建的理论与取得的成就是中国传统思想文化中最为璀璨动人的瑰宝之一。

扬雄（前53—18），字子云，蜀郡成都（今属四川）人。从小好学深思，不喜章句训诂，所览书籍范围十分广泛。面对儒家经学（今文派）的“非常可怪之论”，扬雄立身《周易》与《老子》，杂以阴阳历数，立志以文章显名于后世。代表作主要有《太玄》与《法言》。《太玄》模仿《易》而作，所谓的“玄”以三为基础，在空间上有“三方”，每方有三州，每州有三部，每部有三家；在时间上有每家一首，一首四重，每首附九赞（共计七百二十九赞），每二赞为一日（全部赞合三百六十四日半，另加两赞，合为三百六十五日半）。其中，扬雄还仿用了《易纬》、孟喜和京房的卦气说，从而建构了一整套“旁通上下”“九营周流”的宇宙时空理论。《法言》模仿《论语》

而作，主旨在于宗经崇圣，推崇孔子，自比孟子，倡导以圣人之言定是非，反对今文经学的神权宿命思想。总之，扬雄的文章“以艰深之词，文浅易之说”，尽管行文古奥艰涩，但字里行间闪烁着朴素的唯物思想，可以视为今文经学的反动，其一方面开魏晋玄学之风的先河，另一方面在两汉之际亦坐实有其独立的贡献。

桓谭（约前20—56），字君山，沛国相（今安徽濉溪西北）人。与扬雄一样，桓谭不喜章句之学，而倾向于古文经学。桓谭“著书言当世事二十九篇”，成书为《新论》。“烛火之喻”在《新论》一书中最富代表性。桓谭以烛与火的相生相灭来比喻人的形神关系，“精神居形体，犹火之燃烛”，认为烛无则火灭，形灭则神亡，并且认为人的生长死亡“若四时之代谢”，皆为自然规律，从而有力地批判了谶纬神学的迷信思想，成为两汉之际理性主义的代表人物。

王符（约85—162），字节信，安定临泾（今甘肃镇原东南）人。自幼好学，兼通诸子百家，折中古今文经学，博采道、法、墨、兵诸家之长。代表作是《潜夫论》，书中宣扬元气一元论，并且认同鬼神存在及天人感应之说；无情揭露社会危机与弊端，积极批判朝廷时政与官僚腐败，提倡“德化”与尚贤使能；主张以民为本。东汉中后期社会危机四伏，弊端重重，王符在政治、经济、法制诸层面提出治乱批判的方案，体现了传统士人的社会良知与独立精神。

崔寔（？—约170），字子真，又名台，字元始，涿郡安平（今属河北）人。崔寔出身学术世家，深受儒家经学浸染，兼习法家、农家学说，曾与朝中诸儒刊定五经。他的著述颇丰，主要倾向于对社会政治的批判。代表作是《政论》。与王符不同，崔寔在倡导尚贤、民本的同时主张重赏深罚，他能从实际的社会政治与生活出发，将德治与法治结合起来，颇具经验色彩与现实意义。

荀悦（148—209），字仲豫，颍川颍阴（今河南许昌）人。自幼好学，以《汉纪》称著于世。荀悦曾著《申鉴》，意在申述历史以为借鉴，因而在他那里少有猛烈批判现实政治的言论，而是代之以借古讽今的形式。在《申鉴》中，荀悦主张折中古今经文学；明确反对谶纬迷信；他的人性论吸收了先秦以来各家思想的精华，认为人性有善、恶，人性分三品，由于“上智”与“下愚”的人少，善恶交争普遍存在。他进而主张德刑兼行。总之，荀悦的政论体现了鲜明的政治意图与清醒的理性思考。

仲长统（180—220），字公理，山阳高平（今山东微山西北）人。自幼好学，博览群书，为人不拘小节，有“狂生”之称。著有《昌言》三十四篇，十万余言。仲长统对儒家经学进行了颠覆性的批判，他主张“叛散五经，灭弃风、雅”，反对天命说，认为“信天道而背人略者，是昏乱迷惑之主、覆国亡家之臣”；提倡儒法互补、德刑兼行，恢复西汉制度；对社会发展报以悲观的态度，表现出消极的自然隐逸思想。总之，仲长统以末世之音宣布了儒家经学的彻底破产，在他的理性批判的思想中已经衍生出魏晋玄学的种子了。

在当时的思想家中，王充应该是最杰出的一位。

王充（27—约 97），字仲任，会稽上虞（今属浙江）人。著有《论衡》一书。针对盛行的谶纬神学，王充的批判思想与内容主要体现在三大方面。

首先，用“自然无为”和气化理论批判“天人感应”思想。王充在《论衡·自然》中自我评价说：“虽违儒家之说，合黄、老之义也。”可知，他的思想同先秦道家有很深的渊源，“合黄、老之义”并不等同于黄老之学，而是继承与发扬了道家思想中“自然无为”的理论主张与强烈的批判意识，用以批判谶纬迷信邪说，揭露“天人感应”的神学本质。王充认为，“天地，含气之自然也”，“天动不欲以生物，而物自生，此则自然也。施气不欲为物，而物自为，此则无为也”，“天覆于上，地偃于下，下气烝上，上气降下，万物自生其中间矣”。天地万物的形成是一个自然变化的过程，即“物自生”“物自为”，是气的运动变化产生了天地万物，并不是所谓的“天命”所形成的。所谓的交感说、符瑞说、谴告说都是封建统治者推行神权统治的幌子。针对刘邦母与蛟龙感应而生刘邦的荒谬传说，王充指出：“含血之类，相与为牝牡。牝牡之会，皆见同类之物”，“今龙与人异类，何能感于人而施气?”揭穿了统治者用神人交感传说宣扬君权神授的愚民用心。针对社会上普遍流传的上天通过日食、月食、地震、涝灾等灾异警告统治者失德的谴告说，王充指出：“夫天道，自然也，无为。如谴告人，是有为，非自然也。”他认为，天、地、气无口目，“于物无所求索”，不会进行有意志的活动；日食、月食是自然现象，“食有常数，不在政治”。王充还立反证说，如果上天能够谴告人，便也能够任命圣明的君主。但实际情况不是这样，上天生下了平庸无能的君主，失德废道，还要随时谴告，难道不怕太辛苦了吗！王充通过阐发“自然无为”和气化理论，有力地揭露了“天人感应”的欺诈与荒谬，论说一针见血，具有强烈的批判性。

其次，用无神论驳斥神鬼迷信之说的虚妄。宣扬神鬼迷信是谶纬神学的一大特色，王充针锋相对地提出了无鬼论的主张，可以说是中国古代明确宣扬无鬼论的第一人。王充在《论衡·论死》中说：“世谓死人为鬼，有知，能害人。试以物类验之，死人不为鬼，无知，不能害人。何以验之?验之以物。”“人，物也；物，亦物也。物死不为鬼，人死何故独能为鬼?”“人之所以生者，精气也，死而精气灭。能为精气者，血脉也，人死血脉竭。竭而精气灭，灭而形体朽，朽而成灰土，何用为鬼?”王充坚信“死人不为鬼”，因为人也是物质的，物质决定精神的存在，当人体衰朽消亡时，人的一切都化为灰土，怎么能变成鬼来害人呢？因而，王充又立反证说：“天地开辟，人皇以来，随寿而死，若中年夭亡，以亿万数。计今人之数，不若死者多。如人死辄为鬼，则道路之上，一步一鬼也。人且死见鬼，宜见数百千万，满堂盈廷，填塞巷路，不宜徒见一两人也。”他假设人死能够变成鬼，自开天辟地以来，死人变成的鬼的数量就要比现在的人还要多，那么，这世界上应该到处充满了鬼的影子，哪里还有人待的地方！王充显然同信仰神鬼迷信的人们玩了一次黑色幽默，他的论证直切神鬼之说的要害。进而，王充又打了一个比方：“人之死，犹火之灭也。火灭而耀不照，人死而知不惠，二者宜同一实。论者犹谓死〔者〕有知，惑也。人病且死，与火之且灭何以异？火灭光消而烛在，人死精亡而形存，谓人死有知，是谓火灭复有光也。”他用火灭而无光比喻人死而无知，将物质决定精神的哲理用十分形象的比喻表达了出来，可谓深入浅出，简洁深刻。他还认为鬼的出现实质上是人们因疾病、畏惧所产生的一种幻觉。这种思想观念在当时的确是难能可贵的。王充在反对神鬼迷信之说的同时，强烈批判了厚葬、神仙方士的不死之术，以及社会上流传的各种迷信禁忌现象。可知，王充的无神论主张具有十分深刻的批判现实社会的价值和意义。

再次，注重“效验”以撕碎儒家经学迷信谶纬的外衣。王充提出："凡论事者，违实不引效验，则虽甘义繁说，众不见信。"主张用事实来检验言论和知识的真伪。当时社会流传着关于圣人"不学自知，不问自晓"的先验观念，将圣人先贤捧上神坛加以顶礼膜拜，从而在阐释先秦文献经典时用谶纬迷信学说附会曲解历史事实和真知。王充有针对性地提出"学之乃知，不问不识"的观点，在《论衡》的《实知》《问孔》《刺孟》《本性》《率性》《自然》等篇中，对当时谶纬神学家将孔子视为"前知千岁、后知万世"的救世主的观念进行了猛烈驳斥，通过对一系列历史事实的分析论证，认为孔子是"学而知之"，并且对儒家经传虚妄失实提出了自己的看法。他在《问孔》中说："世儒学者，好信师而是古，以为圣贤所言皆无非，专精讲习，不知难问。夫贤圣下笔造文，用意详审，尚未可谓尽得实，况仓卒吐言，安能皆是？不能皆是，时人不知难；或是，而意沉难见，时人不知问。案贤圣之言，上下多相违；其文，前后多相伐者，世之学者，不能知也。"王充指出当时的儒家学者过分美化和夸饰有关圣贤的历史事实，儒家经传多有相互矛盾、乖戾相背之处，这些问题都同"好褒古而毁今，少所见而多所闻"的不切实际的治学态度有关。所以，王充极力提倡"效验"和"疾虚妄"，大胆挑战神学权威与谶纬理论，甚至在《论衡·定贤》中将十九种识别圣贤的观念一概否定，只将桓谭一人视为圣贤。桓谭是一位"极言谶之非经"的反对谶纬神学的斗士，曾著《新论》猛烈批判神学目的论和长生不老学说。因此，桓谭符合王充的“效验”“疾虚妄”的标准，是最值得推崇敬佩的贤人。

王充可能在经学成就上远远不如当时的大师鸿儒，但他敢于直面人生、批判现实的“疾虚妄”精神与理论主张，无疑是汉代思想文化中最可贵的财富，对于破除谶纬迷信、推动汉代社会思想的进一步发展做出了不可磨灭的贡献。章太炎在提到王充时说：“汉得一人焉，足以振耻，至于今亦鲜有能逮者也！”

三、史学的发展

秦汉三国是中国传统史学走向独立并迅速发展的时期。这一时期，史学逐渐摆脱了对经学的依附，在理论、思想及方法各个方面创建了传统史学发展的基本轨则与范式，私人修史与官方编史并行，尤以本朝人撰修本朝史为著，史家史著迭出，成就巨大，其中以司马迁的《史记》与班固的《汉书》为代表。以其为线索，大致可以将秦汉三国的史学发展划分为以下五个阶段：秦朝及西汉前期（《史记》之前）；西汉中期（《史记》）；两汉之际；东汉前期（《汉书》）；东汉后期及三国时期。

1. 秦朝及西汉前期

秦始皇统一中国后，初步确立了一整套旨在维护与加强中央集权统治的政治文化制度，同时也对历史经验教训进行了某种程度的总结。然而，立足于现实高压集权政治与防患六国旧势力的复兴，秦始皇在文化思想方面采取了“焚书”的极端措施，意图禁毁“秦记”之外的先秦各国史书、《诗》、《书》及诸子百家书，从而消弭人们对三代美政和封建故国的留恋与幻想，为始皇千秋万世基业“别黑白而定一尊”。“焚书”的后果之一便是严重地抑制了秦朝史学的发展，尤其是在史料方面造成了无可估量的损失。西汉前期，统治者们积极反思、总结秦亡的历史教训，寻求安邦治国的政治理论与历史依据，史学出现了新的发展契机。因而，“以古鉴今”“记录时功”成为当时史学的主要任务与特点。除了一些政论文之外，《楚汉春秋》是这一时期的代表性史著。

《楚汉春秋》九卷，陆贾撰。刘邦建立西汉皇朝后命陆贾“试为我著秦所以失天下，吾所以得之者何，及古成败之国”。陆贾由是撰写了《新语》和《楚汉春秋》。《楚汉春秋》记载了有关项羽、刘邦、汉惠帝、汉文帝时的史事，总结了刘汉皇朝建立的历史经验，保留了楚汉之争及本朝故事的第一手材料。司马迁撰写《史记》时对其多有取鉴。不过，《楚汉春秋》名为“春秋”，却不采用编年体例，实为“记录时功”的杂史。南宋时该书亡佚，现存有清人茆泮林、洪颐煊、黄奭等人的辑本。

2. 西汉中期

到了西汉中期，汉武帝“独尊儒术”，儒家经学逐步确立了主导地位，并对史学发展产生了深远的影响。史学呈现出一种特有的面貌，既继承了先秦史学与诸子百家的优秀传统，又在某种程度上得到了儒家经学的沾溉。司马迁的《史记》是这一时期最杰出的代表。作为中国史学上的第一部纪传体通史，其“究天人之际，通古今之变，成一家之言”，为中国传统史学的发展奠定了坚实的基础。

司马迁，西汉左冯翊夏阳（今陕西韩城南）人，字子长。关于司马迁的生年，王国维说生于前145年，即汉景帝中元五年；也有人说生于前135年，即汉武帝建元六年。其卒年更是不可考稽，王国维说大致与汉武帝相始终，没有确切的年代。司马迁出生于一个史官世家，父亲司马谈是当时著名的学者，在汉武帝时任太史令，通晓天文、星历、《易》学及黄老之学，写过一篇论说先秦学术流派的著名文章——《论六家之要指》。这对司马迁青少年时期的学习、思想、人格都有深刻的影响。司马迁在《史记·太史公自序》中说，他的幼年是在家乡龙门山旁度过的。十岁时随父亲移居到茂陵（今陕西兴平），开始学习古文典籍，并师从董仲舒学《春秋》，向《尚书》专家孔安国问疑《尚书》。

元朔六年（前123年），年仅二十三岁的司马迁被任命为郎中。任郎中的十余年间，司马迁足迹几乎遍及西汉版图的五分之三，这种“扈从”皇帝的巡游，对他撰写《史记》具有重要的意义。三十八岁时，司马迁继任父职做了太史令。这一职任的变更，为他阅读皇室藏书和利用中央政府档案提供了便利的条件，也由此开始搜集资料，为撰写《史记》做准备。太初元年（前104年），司马迁倡议并主持改革历法的工作，与太中大夫公孙卿、壶遂、大典星射姓、治历邓平、方士唐都、落下闳等数十人，共同制订了以正月为岁首的新历。这是一件具有重要意义的国家大事，为此，汉武帝改元为“太初”，因之名为《太初历》，正式颁布通行。此后，司马迁开始着手撰写《史记》。

遭李陵之祸是司马迁人生的一个转折点，三年牢狱之灾使他的思想与人格都得到升华，自请以腐刑代死使他懂得了生命的真正价值。于是，司马迁把价值观的重心由“立功”转向“立言”，“述往事，思来者”，忍辱发愤，艰苦撰述。征和初年（前92年），130篇、52.65万字的《史记》基本定稿。《史记》写成之后，“藏之名山，传之其人”，司马迁说偿还了以前受辱之债，“虽万被戮，岂有悔哉!”因为“要之死日，然后是非乃定”。《史记》写成后不久司马迁就死了。死在哪里，怎样死的，没有确切的文献记载。司马迁死后，《史记》藏于家中，到汉宣帝时，才由其外孙杨恽公布于世。

《史记》是中国第一部纪传体通史，它上起传说中的黄帝，下止汉武帝太初年间（前104—前101），对三千余年来中华民族历史发展中的整个社会经济、政治、文化等各方面做了概括而又真实的叙述，共一百三十篇，包括十二本纪、十表、八书、三十世家、七十列传。最初称为《太史公书》，两汉人也称为《太史公》、《太史公记》或《太史记》，汉末魏晋时才专称《史记》，并沿用至今。

《史记》由五种体例组成，而“五体”以叙述人物为中心，这在史学上是个创举，为中国史学纪传体奠定了基础。“本纪”按年月编写历代帝王事迹，基本上是编年体例，但却以历代帝王为中心，“王迹”盛衰是通古今之变的大纲。“表”是用表格的形式谱列人物和史事，把错综复杂、头绪纷繁的史实化繁为简，扼要而分明。“书”记典章制度，即记述政治、经济、天文、地理等方面的制度和重大事项。“世家”记载王侯封国的历史。“列传”分别记载三千年历史发展的各个时期中的重要人物，包括上层官吏、士大夫和影响社会生活的特殊人物，也包括当时中国各族和一些邻国的历史。这种以本纪和列传为主体，以书、表各体相辅助配合，构成《史记》严密的体制结构，被称之为“纪传体”，为后世断代体史书所取法。宋代人郑樵在《通志》中称“百代而下，史官不能易其法，学者不能舍其书”。这种编纂体例与方法的成功，能使《史记》内容丰富、材料系统、记叙翔实，再加上司马迁自身超越常人的才、学、识、德的综合性素养，使《史记》不但成为中国前无古人、后无企及者的伟大史著，而且也是兼具异常丰富思想内容和卓越文字表述功力而成为中国传记文学之始祖，被鲁迅称为“史家之绝唱，无韵之《离骚》”。

先秦史书名著如《尚书》《左传》《国语》《战国策》等都以记叙历史事件为主，到司马迁写《史记》为之一变，而以记叙历史人物为主。“本纪”“世家”“列传”三位一体而记述方式又不相通。“纪以包举大端，传以委曲细事”，“世家”则细大兼具。例如司马迁写秦朝的历史，就是通过《秦始皇本纪》《李斯列传》《王翦列传》《蒙恬列传》等来反映的。在这些“本纪”“列传”中，通过记述秦始皇、李斯、王翦、蒙恬、赵高等人物的活动，展现出一个连贯的历史全景：秦统一六国，建立中央集权的国家，把君权推向极端，实行种种强权暴政，激化了地主阶级与农民阶级的矛盾，结果陈涉、吴广发动农民起义。秦朝引起全国的反抗，最终走向覆灭。再如写《项羽本纪》《高祖本纪》《陈涉世家》《留侯世家》《张耳陈余列传》《淮阴侯列传》等，通过记述陈涉、吴广、项羽、刘邦、韩信、张良等历史人物的活动，反映了秦末农民起义、推翻暴秦、楚汉相争、汉朝建立等秦汉之际的历史变化。历史是人创造的，不管是英雄，还是人民，人的社会活动是历史的一个基本内容，一定阶级的代表人物的活动，都与历史有紧密关系。司马迁认识到历史学中这一重要问题，尽管他是英雄（帝王将相）史观论者，但他写《史记》是通过历史人物的社会活动来反映历史，在他所处的时代就非同小可了。

《史记》的“五体”，在先秦时期就以单位形式被史家所采用，司马迁则是有意识地加以综合整理，把各种不同体例统一在一部书内，这是秦汉王朝中央集权建立后，适应新兴的封建地主阶级“大一统”的需要。“五体”使《史记》成为一座统一帝国的文化宝库。这一历史编纂体例的变革，实质上是整个社会历史变革的反映。

清代学者钱大昕说《史记》的“微旨”有三：“一曰抑秦，二曰尊汉，三曰纪实。”所谓“抑秦”就是反对秦朝统治的暴政，表达一种“民本主义”思想。这便是他为农民起义领袖陈胜立传，并且放在与王侯封国同等的“世家”里，与六国诸侯并论的缘由。他在《史记·太史公自序》中说：“桀、纣失其道而汤、武作，周失其道而《春秋》作。秦失其政，而陈涉发迹，诸侯作难，风起云蒸，卒亡秦族。天下之端，自涉发难。作《陈涉世家》第十八。”又说：“陈胜虽已死，其所置遣侯王将相竟亡秦，由涉首事也。”可以说，他把陈涉与汤武革命并列，目的在于批判秦朝的暴政，弘扬民本主义。这也是为了总结秦亡汉兴的历史教训，也是为汉朝长治久安着想。司马迁把项羽放到“本纪”里，与历代帝王同列，也是着眼于项羽反抗暴秦这一主旨的。他认为陈涉首事，项羽继起灭秦，项羽在楚军统帅项梁战死于定陶之后，杀掉不积极抵抗秦军的宋义，进行巨鹿之战，消灭秦军在关东地区的主力，为刘邦军西入关中、攻占秦都咸阳扫清了道路。“鸿门宴”后，项羽分封诸侯。司马迁评价项羽的功绩说：“夫秦失其政，陈涉首难，豪杰蜂起，相与并争，不可胜数。然羽非有尺寸（微小的权柄），乘势起陇亩之中，三年，遂将五诸侯灭秦，分裂天下，而封王侯，政由羽出，号为‘霸王’，位虽不终，近古以来未尝有也。”

所谓“尊汉”，就是作《史记》的目的是为巩固、颂扬西汉政权，这是他父亲临终前定下的著史宗旨。司马谈对司马迁说：“今汉兴，海内一统，明主贤君忠臣死义之士，余为太史而弗论载，废天下之史文，余甚惧焉，汝其念哉！”司马迁也曾对壶遂表达过这种历史使命感。他说：“汉兴以来，至明天子，获符瑞，封禅，改正朔，易服色，受命于穆清，泽流罔极，海外殊俗，重译款塞，请来献见者，不可胜道。臣下百官力诵圣德，犹不能宣尽其意。且士贤能而不用，有国者之耻；主上明圣而德不布闻，有司之过也。且余尝掌其官，废明圣盛德不载，灭功臣世家贤大夫之业不述，堕先人所言，罪莫大焉。”“抑秦”“尊汉”是《史记》的最基本的思想。现代人说司马迁在《史记》中“对他以前的整个社会历史和现实的社会作了深切的解剖”，“接触到人民对统治者的反抗和斗争”，勉强说《史记》有这种思想内容，甚至于说《史记》“最突出的表现在对封建统治集团丑恶嘴脸的揭露和鞭挞”，把司马迁说成是“人民歌手”，似乎离谱了。

所谓“纪实”，就是班固在《汉书·司马迁传》中说的“不虚美，不隐恶，故谓之实录”，我们称之为“实录精神”。这也是先秦史官传下来的一个优秀的史学传统，秉笔直书，彰善瘅恶，为了尊重历史真实而不怕坐牢、杀头。这个传统到司马迁这里得到了强化。《史记》作为历史著作必须忠实于历史事实，人物不能虚构，事件不能捏造、夸饰、隐讳，褒贬不能由自己的好恶，要做到“不虚美，不隐恶”。如《史记·高祖本纪》写刘邦，司马迁充分肯定他统一国家的历史作用及豁达大度、知人善任的优良作风，同时也揭露他在微贱时那种流氓无赖的行径，以及在楚汉相争中和做了皇帝以后那种虚伪与狡诈。再如对项羽这一悲剧性的英雄人物，不以成败论之，最充分地肯定他在推翻秦朝的过程中的历史功绩，也写出其不得人心，坑秦降卒，焚烧秦宫的残暴；垓下悲歌，英雄末路，突围斩将刈旗的勇力；乌江自刎，归罪于“天亡我”，至死不惧的刚愎。

司马迁的时代，文学与历史还没有明确的学科分界，文史不分家。因此，司马迁为历史人物作传，往往采取现代人看来是文学的手法，写得生动传神，甚至个性化。某些场面、细节、人物语言有夸张、渲染和想象成分，加之他遭李陵之祸，发愤著书中，对那些受困厄、迫害、挫折的悲剧性历史人物往往予以同情，灌注了自己的身世之感，如在李广、项羽等人的传记里流露出痛惜的感情色彩，而对法家人物吴起、韩非、李斯等又流露出憎恶的情感。这就是鲁迅说的“无韵之《离骚》”的特色。但从总体看，这并不影响和损害《史记》的实录精神，而且使它成为一部传记文学名著所不可或缺的成功要素，是后来的史学家所不可企及的。因此，《史记》是历史真实与艺术真实的完美结合，是《离骚》的诗性与《左传》的史性的巧妙统一。

《史记》是一部伟大的历史著作和传记文学名著，它在中国的史学、文学、文化学等学科的发展上有着巨大而深远的影响，它是集大成的、里程碑式的巨著，自当列于世界文化之林而成为“高山仰止”的倾慕对象。司马迁进步的思想、史学观念和崇高的人格，以及发愤著书、直面人生的精神，都成为后人学习的楷模。

3. 两汉之际

自元、成以后，儒家经学完全独尊，史家们更为自觉地遵循经学的宗旨与标准进行历史著述，史家往往就是经学家。因而，在经学与史学的互动中，随着经学的繁盛，作为辅翼的史学地位下降，缺乏独立性。这一时期的史学出现了续补《史记》的热潮。据统计，续补者有褚少孙、刘向、刘歆、冯商、卫衡、扬雄、史岑、梁审、肆仁、晋冯、段肃、金丹、冯衍、韦融、萧奋、刘恂、班彪等十七人之多。其中大多数人的历史认识与理论皈依于经学宗旨之下，史学沦为附庸。如扬雄不满司马迁著《史记》，认为其“不与圣人同，是非颇谬于经”；又如班彪认为司马迁著《史记》时未能“依五经之法言，同圣人之是非”。由此观之，续补《史记》的热潮实质上是以经统史，官方势力的介入与儒家经学的浸染直接导致了史家独立人格意识和价值取向的丧失，不利于史学朝着独立的方向发展。从某种程度上说，续补《史记》的热潮为班固撰写皇朝史《汉书》提供了重要的思想来源与积淀。

两汉之际还出现了其他一些比较有特点的史著，如刘向的《列女传》、刘歆的《七略》《三统历谱》等。这里简要谈《列女传》。

《列女传》八卷，是我国最早的一部妇女专史。据钱穆的《刘向歆父子年谱》考证，《列女传》编撰于成帝永始元年（前 16 年）。撰写动机在于“列古女善恶所以致兴亡者以戒天子”，即旨在反对女子干政，遏止外戚专权。作为一部妇女通史，该书以维护封建伦理道德为宗旨，尽收西汉以前贤妃贞妇的事迹，主要宣扬了“三从之道”“和好众妾”“终身不改”等禁锢与压迫妇女的封建糟粕思想。同时，该书也保留了许多杰出女性的奇节异行，如孟母三迁断织、稷母劝子拒贿、珠崖二义争相赴死等等。她们通才卓识，聪敏果敢，勇于挑战权势，为后世所传颂，给人以教育与启发。《列女传》的出现，使纪传体史书获得了独立与发展，也为后世文学创作提供了养料与借鉴，在史学与文学上都具有特殊的价值和一定的地位。《列女传》最早著录于《七略别录》和《汉书·艺文志》。自西汉末年广泛流传，并屡经传写，北宋时苏颂、王回整理删定为八篇，称《古列女传》；后人又掺入二十传，号《续列女传》。南宋蔡骥刊刻《列女传》，题《古列女传》七卷、《续列女传》一卷，是为通题八卷。今本《列女传》卷一佚去一传，只存十四传。今有清人王照圆、梁端、萧道管三家校注本。

4. 东汉前期

东汉建立后，最高统治者有意识地强化官方意识和经学思想对史学的指导作用，特别是明、章以降，经学进一步介入史学，这首先表现为对私人修史的干预控制与对官方编史的扶植、提倡。班固的《汉书》正是这一时期典型的代表。

班固（32—92），字孟坚，扶风安陵（今陕西咸阳东北）人。班固出生于儒学世家，有着久远的家学渊源。他的父亲班彪，字叔皮，其“家有赐书，内足于财”，又与扬雄诸辈名流交游，是当时有名的学者，曾著《王命论》

以救时难，鼓吹汉承尧运，宣扬刘汉正统说，后感《史记》所载内容止于汉武帝太安年间，而众多续补《史记》诸家过于鄙陋，因而发愿续补汉武帝以后西汉一代史事，撰成后传六十五篇。班彪不仅续补《史记》，还对司马迁的史学做过评价与总结。他一方面高度评价了司马迁的良史之才与著述之功，另一方面批评司马迁“分散百家之事，甚多疏略”，“崇黄老而薄五经”，“轻仁义而羞贫穷”，“贱守节而贵俗功”，还“进项羽、陈涉而黜淮南、衡山”。显然，班彪是站在儒家经学与封建正统的立场上立论评议的。后来，班固在撰写《汉书》时，不但吸收了班彪的史学成果，而且全面继承了这一观点和立场。

班固自幼聪颖，九岁能属文诵诗，十六岁入洛阳太学。他研读刻苦，兼善百家，才华出众。班固十三岁时王充便称其“必记汉事”，足见有良史之才。然而，二十三岁那年，其父班彪逝世，成为班固一生的一个转折点，用他自己的话说是“弱冠而孤”。父亲亡故后，家道中落，班固不得不离开京城，返回安陵老家。在艰难困顿中，班固并未放弃对学术与前途的追求，他“作幽通之赋，以致命遂志”，抒发了立志学术研究和沉潜乐观的心志。于是，班固继承父业，自汉明帝永平元年（58 年）开始撰写《汉书》，至汉章帝建初七年（82 年）基本著成，前后长达二十五年的时间。六十一岁时因窦宪案冤死狱中，死后还有八表和《天文志》没有完成。汉和帝很快给班固平了反，并诏命其妹班昭（曹大家）进行续补。班昭完成了八表，并在同郡马续的协助下完成了《天文志》。中国古代第一部纪传体断代皇朝史经过几代人、诸多学者的努力，最终完成并刊布于世。

《汉书》上起高祖元年（前206年），下终王莽地皇四年（23年），记十二世二百三十年史事，撰十二帝纪、八表、十志、七十传，共一百篇八十余万言。由于一些卷幅过长，后人在校注时析一卷为上下或上中下，因而通行本《汉书》实为一百二十卷。《汉书》在编纂体例上基本沿袭了《史记》，可谓“改”创。

十二帝纪。武帝之前的史事基本上因袭《史记》原文，只是改“本纪”为“纪”，并在《高祖本纪》与《吕后本纪》之间补入了《惠帝纪》；进而续齐了武帝以后六帝史事。此外，《汉书》将项羽和王莽史事移入了列传部分。

八表。《汉书》前六表因袭了《史记》的十表。《百官公卿表》和《古今人表》属于新创。《百官公卿表》比较详尽地介绍了秦汉官职的基本情况，具有志的性质，颇受后人推崇。《古今人表》上起三代，下至秦末，记载评价了汉以前近两千多年的历史人物，分定为三科九等，拾遗补充了《史记》之不足。由于此表贯综古今，不设断限，又仅记汉以前古人，不类断代体例，因而遭到后世一些学者的非议。

十志。《汉书》改《史记》八书为十志：并《律书》《历书》为《律历志》，合《礼书》《乐书》为《礼乐志》；改《平准书》为《食货志》，《封禅书》为《郊祀志》，《天官书》为《天文志》，《河渠书》为《沟洫志》。新增了《刑法志》《五行志》《地理志》《艺文志》等四志。其中，《食货志》较《平准书》在农业经济与货币政策方面更为丰富详尽；《刑法志》记载了殷周以来的兵制与刑法情况；《五行志》记载了大量五行灾异现象；《地理志》记载了自远古至汉代的地理沿革情况，是我国第一部以疆域政区为主体、纲领的地理著作；《艺文志》记述了中国古代文化学术的源流，对历代文献图籍进行了著录分类，是我国现存最早的目录学专著。可见，《汉书》十志在撰述体例与内容方面继承、超越了《史记》八书，因而颇为后世史志所效法。

七十传。《汉书》不设《世家》，而是将相关内容纳入传中，并且比《史记》的列传更为丰富，增补了大量涉及学术、政治的重要人物和文字。如为张骞、李陵、董仲舒等立传；于《贾谊传》中收录《治安策》，《晁错传》中收录《教太子疏》《言兵事疏》《募民徙塞下疏》《贤良策》，《枚乘传》中收录《谏吴王谋逆》等等，不胜枚举。这些都是《史记》所未载的，对认识与研究汉代政治、经济、文化具有重要的史料价值。

班固撰写《汉书》并非简单地因袭与照搬《史记》的

相关体例和内容，而是在史料、史观、史法以及熔炼文字等方面都进行了比较合理的权衡取舍，使得史书的撰写更为系统化、严谨化和规范化。特别是断代设限，《汉书》的“改”创体现了明显的轨则范式与创新意识。另外，作为我国第一部断代皇朝史，《汉书》“旁贯五经，上下洽通”，在其贯通博洽的内容之上始终以儒家经学与维护刘汉皇统为指导原则，较之“成一家之言”的《史记》更能得到后世统治者们的青睐，从而成为皇朝史的滥觞与旗帜。

总之，《汉书》刊布后，历代有关《史记》《汉书》优劣之争从未停息过。其实，主“通”、主“断”都有一定的合理性，从两者的历史渊源与传承关系看，《史记》《汉书》互补、互利更符合实际情况，也有利于史学的全面发展。班固个人热衷名利，历史上对其品行的评价不高，甚至有人痛斥其为“专事剽窃”的“浮华之士”。然而，这些都不能影响对《汉书》的客观评价。可以肯定地说，《汉书》是继《史记》之后我国传统史学上的又一里程碑，尤其在著述的正统思想与编纂体例方面产生的影响较《史记》更为深远。

5. 东汉后期及三国时期

东汉后期，随着社会的动荡与经学式微，史家地位逐渐提高，史学的社会功能意识明显增强，人们开始重新审视史学的作用与价值，从历史中取鉴成为这一阶段史学最根本的任务。荀悦的《汉纪》由此产生。荀悦少博闻强记，十二岁能述《春秋》。汉献帝时任黄门侍郎，并得到赏识。汉献帝喜读典籍，读《汉书》时以为文繁难省，遂诏令荀悦对其进行删减。于是，荀悦编撰成《汉纪》三十卷。《汉纪》依循《左传》体例，围绕《汉书》十二帝纪按年、月、日撰成断代编年史，每一帝纪中都相应吸纳了《汉书》表、志、传的有关材料，并有所增益。荀悦不但采用了编年的方法，而且很好地吸收了纪传体“人经事纬”的记叙方式，在记叙历史事件与人物活动时能够自由充分地进行补充叙述，从而突破了时间的限制。可以说，《汉纪》所采用的断代编年的方法是对以《春秋》《左传》为代表的编年体史书的一大推动与发展，对后世编年体史书的影响巨大，如司马光编撰《资治通鉴》时便效仿过荀悦的史论形式。《汉纪》出后，与《汉书》并称“班、荀二体”，从此编年体得以同纪传体并驾齐驱。尽管荀悦是受诏修史，却忠实地贯彻了他的“三鉴”“五志”的史学理念，对史学的独立发展具有积极意义。此外，东汉后期还出现了《吴越春秋》《越绝书》等杂史性质的史著。《吴越春秋》原书十二卷，今存十卷，东汉赵晔撰，主要记述了春秋末年吴、越二国之事，具有一定史料与文学价值。《越绝书》原书二十五卷，今存十五卷，十九篇（其中包括序跋两篇）。关于著者，一说为子贡，一说为东汉袁康、吴平，一说为战国后期作品，经过了汉人的附益，非一时一人之作。该书记载了春秋吴、越二国的史事，保存了东汉以前吴、越地区的大量异文旧说，有的为《史记》所采纳，还涉及经济、风俗、地理沿革等内容，具有较高的史料价值，可以视为较早的地方志。

三国时期天下纷乱，三足鼎立，史学却获得了一定的发展机遇，开始走上了独立发展的道路。魏明帝太和年间（227—232）“诏置著作郎”，出现了中国历史上最早的专职史官。并且，魏、蜀、吴的统治者们也喜爱史书，如曹丕从小就翻读《史记》《汉书》，孙权更将《汉书》视为“习知近代史事”的必读之书。这些都表明史学发展得到了来自上层的重视与推动。这一时期也出现了一些史家史著，他们一方面继承了前代史学的优秀传统，一方面坚持独立自觉的撰述，取得了一定的成果。其中，郑默的《中经》首创了独列史部的四分法，是对《七略》与《汉书·艺文志》的发展；吴国谢承编撰了《后汉书》一百三十卷，是私修东汉史最早的一家；蜀国谯周撰写了《古史考》二十五卷，补充考证《史记》所载周秦以上古史之不足，可谓历史考证学的滥觞。

总而言之，自三国以后，中国传统史学走上了独立发展与繁荣的道路，并在整个文化领域发挥了积极的作用与重要的影响。

四、佛教、道教与玄学

1. 佛教传入中国

概况。佛教产生于公元前6—前15世纪的古印度，创始人是悉达多·乔答摩，出生于迦毗罗卫城（今尼泊尔王国境内），相传为净饭王子。幼时接受婆罗门教育，二十九岁时出家，研习禅定，三十五岁时创立佛教。佛教教众尊其为释迦牟尼，意为“释迦族中的贤人”；又称其为佛陀，即“觉者”。释迦牟尼一直在印度北部、中部恒河流域进行传教活动，他提出四谛、五蕴、八正道、十二因缘等系统的佛教思想，制定了严格的僧伽修行制度。释迦牟尼创立的原始佛教提倡种姓平等，反对婆罗门的神权统治，适应了当时新兴奴隶制发展的需要，也受到部分下层民众的欢迎。前485年，传道四十五年之久的释迦牟尼在拘尸那伽逝世。佛教在印度经历了四个重要的发展时期：原始佛教时期（约前6世纪中叶—前4世纪中叶）、部派佛教时期（约前4世纪中叶—1世纪中叶）、大乘佛教时期（约1世纪中叶—7世纪中叶）和密教时期（约7世纪—12世纪）。伴随着伊斯兰教的渗透与异族入侵，13世纪初佛教在印度销声匿迹。然而，诞生于印度又销迹于印度的佛教却在周边地区得到广泛传播与衍生。

佛教最初在尼泊尔、印度、巴基斯坦一带传播，后来向南扩展到斯里兰卡、印度支那半岛，向北发展到中亚细亚地区。佛教在传入中国内地之前，已经在西域的大月氏、安息、康居、龟兹、于阗等三十六国传播流行。随着汉武帝开辟西域交通，传播条件逐渐成熟，佛教在两汉之际由丝绸之路从西域传入中国。

佛教的传入与发展。关于佛教传入中国的具体时间，学术界没有一致的定论，大致分为西汉末年传入和东汉时期传入两种说法。

据《三国志·魏志·东夷传》注引三国魏人鱼豢的《魏略·西戎传》记载："昔汉哀帝元寿元年，博士弟子景庐受大月氏王使伊存口授浮屠经。"这便是伊存口授佛经的故事。西汉哀帝元寿元年（前2年），大月氏王的使者伊存向景庐口授了《浮屠经》。"浮屠"即为佛陀（Buddha）的音译。因而，《浮屠经》也就是《佛经》。前1世纪以前，佛教经义典章还未形成文书佛典，口耳相传是早期佛经传授的传统。听受佛经的景庐却用文字编录了下来，《浮屠经》成为中国第一本成文佛经，大致讲述了释迦牟尼传道的故事和一些佛理。《浮屠经》从此广泛流传，形成了不同的抄本，后来在两晋之际的战乱中亡佚。然而，伊存口授佛经的结果却是"中土闻之，未之信也"。佛教在西汉末年由于汉朝同西域各国之间外交使臣往来而为中国所了解，只当做一种异族异地的异教习俗信仰罢了，并没有被当时中国所接受而成为一种流行的宗教信仰。

东汉初年，楚王刘英“学为浮屠，斋戒祭祀”，佛教已经在中国上层社会的少数人中间流行开来，并且与黄老一样进行祭祀。在当时一些上层人士眼里，佛教显然与黄老方术没有什么本质的区别。永平八年（65 年），汉明帝曾下诏褒奖楚王刘英用缣帛代人赎罪，认可了“尚浮屠之仁祠，洁斋三月，与神为誓”的祭祀行为，并且提到了伊蒲塞（男居士）和桑门（沙门）等名称。可见，佛教最初作为一种神仙方术信仰为中国统治阶层所接受。

历代统治者和许多史学家将汉明帝因梦派遣使者到西域求取佛法一事视为佛教正式传入中国的开始。据《四十二章经序》《后汉书》《牟子理惑论》《高僧传》等文献记载，永平七年（64 年），汉明帝夜梦金身神人飞于殿前，第二天遍问群臣，太史傅毅称神人是天竺得道者，叫作佛。于是，汉明帝派遣使者张骞（一说是蔡愔）、羽林中郎将秦景、博士弟子王遵等十二人前往大月氏求取佛法。据说在永平十年（67 年），上述一行十二人在大月氏遇到沙门迦叶摩腾、竺法兰二人，得到优填王所画释迦牟尼像并抄写到一些佛经。后来用白马驮回洛阳，汉明帝专门为此建造精舍，进行译经，摩腾译出《四十二章经》一卷，存放在兰台（汉室图书档案馆）石室中。摩腾所住的精舍，后来被叫作白马寺。白马寺便是中国最早的佛寺，并且成为日后重要的佛教译经场所。汉明帝因梦求法一事基本符合史实。自汉明帝始，佛像、佛经和僧人陆续传入中国，佛教的基本组成——“三宝”（佛、法、僧）都已具备，从此佛教在中国渐渐流传开来。

佛教虽然早在两汉之际传入中国内地，但是大量僧伽与佛典译著的出现是在东汉末年汉桓帝时期（147—167）和汉灵帝时期（168—189）。汉桓帝荒淫昏聩，为求福延年，黄老、浮屠并祠，以求维持封建统治。上层最高统治者的做法极大地刺激了佛教的传播。大月氏人支谶与支曜、天竺僧人竺佛朔、安息僧人安世高和居士安玄等都是这一时期来到中国从事佛经翻译的著名人士，灵帝、献帝时还有从西域康居而来的康巨、康孟详等人。除了以上外来译经者，中国内地出现了一批为译经提供场所、资金等帮助的地主与知识分子信徒，如严佛调、孟福、张莲、子碧、孙和、周提立等人。于是，到东汉末年，洛阳已经成为译经的中心，佛经翻译者中以安世高和支谶最为著名。安世高，字世高，原名安清，安息国太子，后让位给叔父，出家修行。汉桓帝建和二年（148 年）来到洛阳，在熟练掌握汉语之后开始大量翻译佛经，经过二十多年的努力，译出《安般守意经》等系列小乘佛经，将小乘佛教教法介绍进来，加深了中国内地对佛教的进一步了解，在中国佛教史上影响深远。后来，安世高下江南传教，在会稽（今浙江绍兴）逝世。支谶，全名支娄迦谶，大月氏人。

支谶早于安世高一年来到洛阳，到汉灵帝中平时期（184—189），译出《般若道行品经》等佛经共计十四部二十七卷。支谶是将大乘般若佛法介绍到中国的第一人，从此大乘小乘佛经陆续被传入，佛经得以在中国内地全面流传。

东汉末年佛教已经从洛阳、关中一带传播发展到徐州地区。据《后汉书》记载，193年，笮融在彭城建造了一座佛寺，以此招徕流民，并举办大规模的浴佛法会。笮融用黄金涂饰佛身，并要求招徕的流民“悉课读佛经”。他的初衷是利用佛教为自己积累政治资本，却也扩大了佛教在当地的影响。这也是中国历史上有关兴建佛寺与下层民众信仰佛教的最早记载。

佛教自两汉之际传入中国，到三国时期进一步向中国内地深入传播。曹魏嘉平时期（249—253），印度人昙诃迦罗来到洛阳，首开受戒度僧之法，从此，魏地出家者按照佛教正式戒律受戒为僧。曹魏甘露五年（260年），朱士行出家为僧，并前往于阗求取般若经，成为中国历史上第一位西行求法的汉族僧人。三国时期，吴地的佛教也得到了很大发展，以建业（今江苏南京）为译经中心，聚集了支谦、康僧会、维只难、竺将炎等译经家。尤其是支谦，开创了佛经意译之法（以前翻译佛经都是音译），为佛教在中国的普及做出了巨大的贡献。三国时期佛教的传播还出现了一个新趋向，玄学思潮开始影响译经，玄学的发展与对佛经教义的理解形成一种积极的互动，人们开始从哲学层面思考甚至改造佛教。佛教的中国化标志着其已然成为中国古代文化重要的组成部分，对中国的思想文化和艺术产生了愈来愈大的影响。

佛教传入中国，除了北方陆路——丝绸之路传入之外，也存在从南方海路——香料之路传入的可能。另外，据有关考古发现，东汉末年巴蜀一带佛教已经传播开来，其传入路线可能就是“蜀身毒道”，即西南陆地的丝绸之路。

2. 道教的产生

概况。秦汉时代是道教酝酿和产生的时代。继春秋战国经历了理性精神与人文思潮的洗礼之后，秦汉文化呈现出宗教化的倾向。尤其是东汉时期，作为封建大一统正统思想的儒学谶纬化、神学化，说明以经学立命的儒学逐渐失去了以往特有的功用与地位。同时，伴随着东汉末期宦官外戚弄权、豪强兼并土地、党锢之祸以及社会人口剧减等社会危机的加剧，道教的产生拥有了适宜的温床，而佛教的传入也影响和刺激了道教的创建。可以说，秦汉时代道教的产生是社会历史发展的必然结果。然而，作为中国古代唯一的本土大教，道教的创教期并不明显，道教产生之前经历了多源性、复杂性的酝酿与衍化过程。巫鬼道（中国古代原始鬼神崇拜）、方仙道（战国秦汉时代的神仙方术）以及两汉时代将黄老部分思想宗教化的黄老道是道教产生的主要来源与母体。可以说，道教是以中国古代原始鬼神崇拜为基础，糅合了战国秦汉时代的神仙方术之说，并以黄老道家思想为理论支柱，在秦汉时代正式创教的大型本土宗教。

道教的产生。关于道教的正式形成时间，一般认为是在汉顺帝时期（126—144）。这一时期已经出现了有经典、醮仪、科戒和信徒组织的道教宗教集团，其中太平道和五斗米道是两个主要代表。

早在西汉成帝时（前32—前7），齐人甘忠可诈造《天历包元太平经》十二卷（原书已佚），将神仙说、黄老道与儒家谶纬说结合起来，宣扬赤精子的“下教”之道可以永固汉室统治，导引天下太平。甘忠可的原始太平道迎合了不少上层人物的窳安心理，但也遭到社会明智之士的反对，终因“语涉朝政”而被诛。甘忠可的“道”说和《天历包元太平经》遂转入民间，在燕、齐一带秘密传播。东汉顺帝时，琅琊人宫崇进献其师于吉（又作干吉）的《太平青领书》一百七十卷，此书“其言以阴阳五行为家，而多巫觋杂语”，宣扬火德迎合统治者，同时影射抨击朝政，揭露社会苦难。《太平青领书》的出现，成为太平道兴起传播的纲领性经典，其与《天历包元太平经》有承继关系，在后世流传中被尊奉为《太平经》，标志着道教的初步形成。于吉太平道的传播与活动已经发展到长江中下游地区，《三国志》注记载于吉因“能幻惑众心，远使诸将不复相顾君臣之礼”而被孙策诛杀，说明太平道不再是一个纯粹的宗教性组织，其在政治上的影响已经为上层统治者所警惕。184 年，钜鹿人张角领导青、徐、幽、冀、荆、扬、兖、豫八州的太平道教众举行了黄巾起义，这是中国历史上最早的以太平道（道教）的名义发动的反对封建统治的农民起义运动。张角在起义之前，以《太平经》为教典，以治病为传道手段，宣扬太平道的平均平等思想。继而，又对教众进行了严格有序的组织与划分，太平道迅速发展为可与朝廷相抗衡的宗教性武装力量。由于外戚、宦官和官僚集团联合起来进行了残酷的镇压，黄巾起义失败。张角在指挥战斗中病逝，后遭戮尸；张梁、张宝也相继战败被杀，太平道受到重创，转入民间秘密传播。太平道的兴起与发展，标志着道教开始走上了中国历史舞台。

与太平道同时，在西部巴蜀一带兴起了五斗米教。东汉顺帝时，沛国丰人张道陵在鹄鸣山（今四川大邑西北十五公里处）创立了五斗米教。《三国志·魏书·张鲁传》记载张道陵“学道鹄鸣山中，造作道书以惑百姓，从受道者出五斗米，故世号米贼”。张道陵初创五斗米教，有教规教仪（如诵习《老子》五千文、有罪有病自首其过、收取信道者五斗米等，统称为“三天正法”），教众组织（设立二十四治，治，就是教众活动的据点与中心），以及宗教仪式与活动（如付天仓、三会）。五斗米教已经具备了作为正式宗教的基本条件，因为张道陵被尊为天师，故又称天师道。张道陵死后，其子张衡和其孙张鲁承其衣钵。特别是张鲁占据汉中二十余年，影响甚大。与张鲁同时，张修创立鬼道，自号“五斗米师”，教法性质与张角的太平道相似，成为汉中、巴中地区的五斗米教首领。后来张修被张鲁袭杀，张鲁完成了教内的统一。张鲁进一步发展了五斗米教，自称“师君”，丰富了教义，最显著的变化就是实行政教合一，五斗米教成为当时西部最有影响力的政治和宗教组织。215 年，张鲁归顺曹操，拜受镇南将军，封阆中侯，并与曹操联姻（其女嫁给曹操儿子燕王曹宇）。与走下层民间路线的太平道不同，五斗米教最终为上层统治者所罗致招抚，取得了合法的传教地位。后世的天师教从五斗米教发展而来，因此，后世的道教教众将张道陵奉为道教的创始者。

另外，与太平道和五斗米教性质不同，东汉顺帝、桓帝时期的魏伯阳在黄老道的基础上，结合《周易》学说，自创金丹道，著《周易参同契》，专事烧炼金丹，探求修身成仙之道，为后世道教的丹鼎派奠定了基础。

秦汉时代出现了《太平经》、《老子想尔注》（一般认为张鲁所作）、《太平洞极经》、《周易参同契》等一系列道教思想著作，太平道、五斗米教和金丹道兴起，标志着道教的形成和早期发展。太平道由于黄巾起义失败的缘故在后世湮没于民间，五斗米教在三国时期依附曹魏政权(220—265)，内部出现分化。曹操收取汉中之后，将大量五斗米教众迁徙到魏地的长安及三辅地区，使原有的道教组织分散各地，促进了五斗米教在北方民间的传播发展。同时，五斗米教在门阀贵族阶层得到认可与传播，为两晋南北朝时期道教坚持上层路线的发展奠定了基础。

3. 玄学的兴起

东汉末年，社会出现大动荡，阶级矛盾和社会危机日益激化，汉王朝的封建统治处于崩溃的边缘。由于经学注疏和神学谶纬渐趋烦琐与荒诞，长期占据支配地位的儒家思想已经无法为维持封建统治提供有效的思想方案。黄老道家思想逐渐抬头，特别是自然无为的思想，成为许多学者批判谶纬神学或士人全身养性的法宝，“援道入儒”以寻求维持封建统治的新方案，成为社会思潮进一步发展的新趋势。这一时期，清议之风盛行，名士们通过评议朝纲、裁量执政、臧否人物来干预政治与追求声名。两次党锢之祸之后，天下名士多因清议遭受残害，人们逐渐由清议转向清谈，由具体人物的品评转向抽象名理的玄谈。于是，以崇尚老庄、阐释“三玄”(即《老子》《庄子》《周易》)和探究玄远幽深学问为基本特征的“玄远之说”逐渐兴起，玄学成为汉末魏晋时期新的主导思潮。魏晋玄学家们用儒家经义阐释“三玄”，打破了汉代经学对思想的束缚，试图将道家和儒家思想进行融会整合，主要围绕名教（源于孔子“正名”主张，一般指儒家倡导的以封建等级名位及其道德规范为主要内容的礼教）与自然（一般指道家老庄主张的自然无为之道）的关系展开玄谈与论争，大致经历了三个阶段。

正始玄学。正始（240—249）是曹魏齐王芳的年号，是魏晋玄学的开创时期，众多风流名士汇聚于洛阳，“弃经典而尚老庄，蔑礼法而崇放达”，玄谈之风大倡，故称“正始之音”。这一时期有名的谈士主要有何晏、王弼、夏侯玄、钟会、荀融、裴徽、傅嘏、李丰等，其中的何晏与王弼是正始玄学的代表人物。

何晏，字平叔，南阳宛县（今河南南阳）人，大致生于初平元年（190 年），汉外戚大将军何进之孙，曹操的养子。何晏多才辩，善诗赋，好修饰，耽情色，人称“傅粉何郎”。正始年间，何晏深得曹爽信任，官至侍中、吏部尚书。正始十年（249 年），司马懿发动兵变，诛杀曹爽，何晏同时被杀。何晏著有《论语集解》《无名论》《道德论》，其玄学思想宣扬“贵无”论。他提出“天地万物，皆以无为本”，认为“有”恃“无”以生，“阴阳恃以化生，万物恃以成形，贤者恃以成德，不肖恃以免身”，只有“无语”“无名”“无形”“无声”之道才是“道之全”。可知，何晏将“无”视为万有的本体，“无”即是“道”，“有名”之道生于“无名无形”，道唯无名，道唯无所用；

圣人体道，故圣人无名，圣人能在“有所用”中复用“无所用”，进而主张圣人无情和君主无为，将儒家名教与道家自然相结合。

王弼（226—249），字辅嗣，魏国山阳（今河南焦作）人，生于黄初七年（226年），善谈名理，辞才逸辩，何晏称赞道：“若斯人，可与言天人之际乎！”曾为中书郎，正始十年（249年）因病去世，年仅二十四岁。王弼著有《老子注》、《周易注》、《周易略例》、《论语释疑》（已佚）和《老子指略》，其玄学思想与何晏基本一致，且更为系统化。王弼提出“道者，无之称也”，“道”就是“无”。在王弼那里，“道”不再是具有物质性的一种元气，而是在万物之上的最根本的本体存在，是将客观世界一切属性抽空了的、最高的抽象概念。“以无为本”成为王弼玄学思想的核心理论。围绕“以无为本”，他提出“崇本以息末”“举本统末”“崇本举末”，认为“无”是“有”（指天地万有，即“末”）存在的根据，进而强调“体用如一”“本末不二”；他又提出“万物万形，其归一也”“由无乃一，一可谓无”；他还提出“言不尽意”，否认言语和概念能够反映客观事物的真相；提出“动息则静”，认为静止是一切事物永恒的绝对的存在形式。总之，王弼系统地论述了本末、体用、一多、言意、动静等概念及相互关系，建构了“以无为本”的本体论玄学理论体系。此外，王弼主张圣人不累于物而顺自然，因而圣人有情；并且认为

“名教本于自然”，从而调和儒家和道家的政治伦理思想，用玄学思想取代了儒家神学的地位。

竹林玄学。正始十年（249年），何晏被杀，王弼因疫病故，双子星的陨落宣告正始玄学的终结。此后，司马氏集团与曹魏集团的斗争异常残酷激烈，“魏晋之际，天下多故，名士少有全者”，残酷的政治高压显露出名教狰狞的面目。于是，一些名士转向了反对名教的立场，最著名的是阮籍、嵇康、山涛、刘伶、阮咸、向秀、王戎，他们常集会于山阳（今河南耀县、修武一带）的竹林之下，肆意酣畅，世称“竹林七贤”。其中的领袖是阮籍与嵇康。

阮籍（210—263），字嗣宗，陈留尉氏（今属河南）人。阮籍自幼博览群书，尤好《老》《庄》。曾为曹爽大将军府参军，又为司马懿太傅府从事中郎，司马师大司马府从事中郎，徙为散骑常侍，后任步兵校尉，世称“阮步兵”。阮籍早年有济世之志，但鉴于世事多故，“遂酣饮为常”。由于他品评人物与时政比较谨慎，因而未遭到司马氏的杀戮。阮籍著有《通易论》、《乐论》、《达庄论》、《大人先生传》和八十余首《咏怀诗》。阮籍的玄学思想主要是崇尚自然，抨击名教，他提出“天地生于自然”“道者，法自然而为化”，自然是和谐有序的统一整体，人的形体与精神都是自然化成，因而应该崇尚自然；对于礼法名教，阮籍视之为“天下残贼乱危死亡之术”，提倡“无君而庶物定，无臣而万事理”。可知，从阮籍开始，“越名教而任自然”成为竹林玄学的核心思想了。

嵇康（223—262，或224—263），字叔夜，谯郡铚（今安徽濉溪西南）人。嵇康少孤，有奇才，与曹魏宗室通婚，官至郎中，拜中散大夫，世称嵇中散。嵇康为人疾恶如仇，任侠尚奇，非汤武，薄周孔，喜好《老》《庄》。他采取与司马氏集团不合作的态度，后遭钟会陷害，被司马昭以“言论放荡，非毁典谟”的罪名杀害。嵇康的代表作是《与山巨源绝交书》《声无哀乐论》，有《嵇康集》传世。嵇康玄学思想大致与阮籍相近。自然观方面，他提出“浩浩太素，阳曜阴凝，二仪陶化，人伦肇兴”，“元气陶铄，众生禀焉”，是朴素的元气自然论；形神关系方面，认为“形恃神以立，神须形以存”，主张形神之间是相互依存的关系；心物关系方面，主张“心之与声，明为二物”，声音是人的意识、感情之外的自然存在，音乐本身并无哀乐可言；名实关系方面，主张“因事与名，物有其号”，名称是根据事物具体的不同情况而制定的；政治思想方面，提出“大道无违，越名任心”，主张“越名教而任自然”，将名教与自然对立起来，要求摆脱名教对人性的束缚，“崇简易之教，御无为之治”，回到和谐无争的“鸿荒之世”。然而，嵇康与阮籍一样，反对虚伪的名教，却并不主张废止名教，“越名教”始终是追求顺应自然的简易之教，落脚点还是在君臣相安、无为而治的层面上。因而，嵇康的玄学思想的本质还是儒道互补，以道援儒。

元康玄学。晋惠帝元康时期（291—299），出现了向秀、郭象、王衍、乐广、王澄、谢鲲等一批“元康名士”，以郭象为代表，标志着玄学发展到最后阶段，最终实现了儒道合流。

郭象（？—312），字子玄，河南（治今河南洛阳市东）人。少有才理，喜好《老》《庄》，长于清谈，曾官至司马越太傅府主簿。据说郭象在向秀《庄子隐解》的基础上作《庄子注》，从而提出“独化论”，成为他的玄学思想的核心理论。他提出“物皆自然，无使物然也”，认为万物都是自然产生的，并且称“物各自生”“物各自造”，否认“无”和“道”是万有本体与本源。进而，他主张万物自生“外不资于道，内不由于己，掘然自得而独化也”。所谓独化，即否认了事物发展的外部条件与内在因素，无所资借而无所出，独化于“玄冥之境”。他还认为“自然耳，故曰性”“天性所受，各有本分，不可逃，亦不可加”，人性即是自然，但他所谓的自然实质上等同于“天命”了。可知，郭象的独化论是一种不可知论，最终导向神秘主义。在名教与自然的关系上，郭象主张“名教即自然”，认为“君臣上下，手足外内，乃天理自然”，从而强调内与外、庙堂与山林是一致的，名教与自然是合一的。在郭象那里，名教与自然是一件事情的两个方面，推行名教才能顺应自然，玄学最终成为维护世家大族利益的思想工具。

在魏晋玄学盛行的时代，还有一批反玄学的思想家，如杨泉、欧阳建、鲍敬言等，他们从不同层面对玄学的基本命题进行了批判，具有积极的思想价值。东晋时期，玄学与佛学合流，历经南北朝，玄学逐渐为佛学所取代。

第五章　文学艺术

秦汉三国是中国古代艺术繁荣昌盛的时期，雕塑艺术、文学创作、绘画书法和音乐舞蹈等领域都取得了辉煌的成就，展现出一派雄浑博大的气象。

一、秦汉石刻、画像石和画像砖

1. *石刻*

秦代石刻主要包括刻石文字和石雕。秦始皇统一全国之后，喜好巡游，每到一处便会立起刻石，篆上颂扬功德的文字，公布于天下。据《史记·秦始皇本纪》记载，峄山、泰山、琅琊、芝罘、碣石、会稽等处都有刻石，除碣石刻石可能是摩崖刻石外，其他的都是碣刻。现在保存下来的秦代刻石有《琅琊刻石》与《泰山刻石》的残片。秦代的石雕已难以见到，据一些史籍记载，营建骊山陵时，曾雕刻了石麒麟。李冰兴修都江堰时曾刻石人、石犀以镇江水。

现存最早的汉代石刻，是西汉南越王赵佗先人墓前的一对裸体跽坐青石石人。汉武帝元狩三年（前120年），用花岗岩雕刻了一组牛郎织女像，置于昆明池。此外，现在能够看到的西汉石刻，还有《群臣上寿刻石》《麃孝禹刻石》等。东汉时期出现了形式多样的石刻，主要有碑刻和摩崖石刻。专门用于贵族陵园墓葬的石刻在这一时期比较盛行，有墓碑、墓记、石阙、石人、石兽等。碑刻主要有《鄐君开通褒斜道摩崖刻石》《杨君石门颂》《李君表》《杨伯邳生平碑》《刘平国碑》《西狭颂》《裴岑纪功碑》《曹全碑》《张迁碑》《乙瑛碑》《礼器碑》《史晨碑》《张景造土牛碑》《侍廷里僤约束石券》等。墓碑树立在墓前，汉代最著名的墓碑是汉桓帝延熹八年（165年）立的《鲜于璜碑》。墓记放置于墓内，或刻于墓内石壁与墓前石祠之上。现在出土的汉代墓记有贾仲武妻马姜墓记、许阿瞿墓记、缪宇墓记、安国墓祠题记、元嘉元年墓记等。石阙放置于庙前或墓前，由阙顶、阙身、基座三部分组成。现存汉代的石阙以四川境内为最多，多达二十余处，如渠县冯焕阙与沈府阙、绵阳平阳府阙、雅安高颐阙等。汉代最著名的石阙，还有山东平邑皇圣阙、嘉祥武氏阙，河南登封太室阙、少室阙、启母阙，北京石景山幽州书佐秦君阙等。石人立于墓前，又称作石翁仲，据说秦始皇的一位力士翁仲曾守卫临洮，威震匈奴。他死后，按其形象铸成铜人，放置在咸阳宫前，以此威慑匈奴，故后人将立于宫门陵墓之前的铜人和石人都称作翁仲。河南登封中岳庙前的一对石人是现存最早的石翁仲，立于东汉安帝元初五年（118 年）。石兽，汉代人又称之为“天禄”“辟邪”，往往放置于贵族墓前。最著名的石兽，有河南南阳宗资墓的石天禄和石辟邪、洛阳孙旗屯及伊川石辟邪、陕西咸阳沈家村石兽、山东临淄石狮、嘉祥武氏祠石狮、曲阜孔林石兽、四川雅安高颐墓石辟邪、四川芦山杨君墓石狮等。汉代最著名的大型石刻群是霍去病墓石刻，雕刻于汉武帝元狩六年（前 117 年），现存于陕西兴平市道常村西北。霍去病墓石刻形式丰富，有石蛙、石鱼、卧马、卧牛、卧虎、卧蟾、卧象、野人、野猪、人与熊、野兽食羊、马踏匈奴等，以马踏匈奴为主体，其他石刻相映烘托，极具想象与张力地表现了霍去病大败匈奴的雄浑豪迈的英雄气魄。这一组石刻是融思想性与艺术性为一体的优秀纪念石刻群，赞颂了霍去病的不朽战功，高扬了大汉帝国激昂奋进的时代精神。

2. 画像石

画像石最早可能出现于西汉昭帝、宣帝时期，东汉时期达到兴盛，分布范围极为广泛，主要在山东、河南、四川以及陕北、苏北、晋西等地区，现存汉代画像石一万余块。

山东地区的汉代画像石遗存约有三千余块，大多数是东汉时期的作品，著名的有肥城栾镇村张氏墓画像石、长清孝山堂郭氏祠画像石、济宁两城山永建食堂画像石、嘉祥建和元年武氏石阙画像石、安丘画像石、沂南画像石、诸城汉墓画像石、临淄熹平五年梧山里石社碑画像、滕州初平元年石碑画像。苏北发现的汉代画像石约三百块，以沛县栖山画像石、茅山汉墓画像石、睢宁九女墩和邳州市燕子埠画像石为代表。河南发现的汉代画像石主要集中在南阳地区，约有一千二百余块，以南阳扬官寺画像石墓、唐河针织厂画像石墓、襄城茨沟永建七年画像石墓、南阳草店画像石墓、南阳军帐营画像石墓、南阳石桥画像石墓、南阳东郊李相公庄建宁三年许阿瞿画像墓及登封嵩山三阙画像、密县打虎亭一号汉墓为代表。四川地区的汉代画像石以新津画像石、乐山崖墓画像石、成都扬子山一号墓为代表。陕北、晋西的汉代画像石以绥德王得元墓画像石为代表。

各地画像石的艺术风格迥然不同，山东、苏北的画像石以质朴厚重见长，古风盎然；河南画像石以雄浑有力取胜，豪放泼辣；四川画像石清新活泼，精巧隽永；陕北晋西画像石质朴自然，简洁清素。画像石的雕刻技法大致有单线阴刻、减地平雕、减地平雕兼阴线、减地浮雕、沉雕等。画像石涉猎的题材和内容相当广泛，飞仙神灵、历史人物、战争场景、市井风情、社会百态等都是刻画的对象，无不展现了大汉帝国深沉宏大的气魄与风貌。其中最为流行的画像石题材是“荆轲刺秦王”，如山东武氏祠画像石《荆轲刺秦王》，图中荆轲刺杀秦王不中，被人拦腰抱住，他双臂劲举，怒发直竖，又将匕首奋力掷出，匕首击穿柱心而露出锋芒，秦王绕柱疾走，惊魂失魄；一旁的燕国勇士舞阳吓得仰面倒地。全图应用减地平雕加阴线雕刻的技法，画像轮廓之外减去一层，轮廓内的人物面部、衣纹用阴刻，造型简练质朴，布局严谨合理，虚实相间，具有节奏感。整个画面场景，刻画了情节的高潮，通过对几个细节的巧妙处理，表现了荆轲刺杀秦王时孤注一掷的勇力、威慑众人的气概和刺杀未遂的遗恨。

3. 画像砖

画像砖在战国时期已经出现，到秦汉时期最为流行，主要用于装饰宫殿或墓室，刻画形式以绘画、浮雕或二者兼之为主。秦代画像砖多用于装饰宫殿建筑。砖体主要分为大型空心砖和实心扁方砖两类。画像砖内容丰富，层次多样。今陕西省博物馆藏的临潼出土的一块狩猎纹空心砖，集侍卫、宴享、狩猎和苑囿四种图案为一体，表现了狩猎出游生活的独特情趣，其中一猎者纵马弯弓，放犬逐鹿，人勃发、犬逼仄、鹿惊逃，构图洗练，造型活泼，是秦代模印画像空心砖的代表。秦都咸阳一号宫殿遗址出土的龙纹空心砖，画有单龙和双龙；三号宫殿遗址出土的凤纹空心砖，画有立凤、卷凤和水神骑凤。二者行笔流畅自然，生动写实，工艺水平很高。

汉代画像砖多用于装饰墓葬，大多分布在河南和四川地区。河南地区出土的画像砖多数以西汉和东汉早期为主，主要为空心画像砖，有鸟兽、人物、树木和几何花纹等图案，而且出现了青龙、白虎、朱雀、玄武等四神的图案，内容渐趋丰富。到了东汉中期，画像砖空前兴盛，以河南南阳地区出土的最多，著名的有《泗水捞鼎图》《七盘舞图》《迎客拜谒图》《朱雀百戏图》《二龙穿壁图》《仙人六博图》《兽斗图》《虎牛角抵图》《西王母·玉兔捣药图》《迎宾百戏图》《官邸拜谒图》《宴饮图》《狩猎图》等，这一时期的画像砖空心与实心都有，大多数是一模一砖，艺术形象粗犷质朴，风格与画像石较为一致。四川地区出土的画像砖大多数是东汉晚期的作品，都是实心砖，砖上的画像是和砖成型时模制而成，近似浅浮雕，镶嵌于墓壁间。四川画像砖在题材和技法方面都与中原地区有所不同，描写忠孝节义和神话传说的内容很少，绝大部分是有关车骑、仪卫、乐舞、宴饮、授经、考绩、六博、播种、采桑、采莲、弋射、行筏、酿酒、井盐等现实生活生产的场景和画面，图案的线条以阴柔为美，婉转流畅。比较著名的有成都出土的弋射收获画像砖、成都出土的宴饮画像砖、德阳出土的荷塘采莲画像砖、成都扬子山一号墓出土的盐场画像砖、成都扬子山二号墓出土的宴饮观舞画像砖等。

总之，秦汉时期的画像石和画像砖，以刀代笔，在石、砖上进行绘画与雕饰，用东方神秘优美的线条艺术表达了对自然、社会、神异、死亡、永生的契悟与诠释，是中国古代艺术史上十分独特的瑰宝，留给人们无限的遐思与遥远的追慕。

二、汉赋的演变

赋，最早见于先秦的金石刻文和历史文献，最初的含义有以武力夺取财物或税收的意思。在《左传》的记载中，赋开始出现了两种截然不同的意思，一指税收，如“赋车籍马”；一指诵诗，如“公入而赋：‘大隧之中，其乐也融融’……”赋从源头上说，它原是《诗经》的一种手法，其特点是铺陈直叙，后来发展成为一种文体，始见于荀子的《赋篇》。

明代徐师曾作《文体明辨》，把赋分为古赋（即汉赋）、俳赋（即骈赋）、律赋、文赋四种，大致概括地说明了赋体在各个时期的不同特点。刘勰《文心雕龙·诠赋》说：“赋也者，受命于诗人（指《诗经》作者），拓宇（开拓境界）于楚辞也。”这就是说赋是由《诗经》（诗）到楚辞（辞）衍变而来的。但是诗侧重于言志抒情，而赋则侧重于咏物叙事说理，由诗到赋，诗的成分减少而散文的成分增加了。所以赋作为一种文体，其特点是富有文采、韵节，善于铺陈，兼具诗歌和散文体裁特点的作品。汉代人常常把辞和赋合在一起统称为辞赋，把屈原的作品也称为屈赋，这种辞和赋混用的现象说明汉初的赋继承楚辞的余绪，与楚辞也无甚明显的区别，所以称之为“骚体赋”。赋发展到西汉中期，司马相如为代表写的大赋，就完全脱离楚辞的影响而走向成熟，赋与辞就分流异派、各立门户了。

汉赋有大赋小赋之分，大赋多写宫观园囿之盛以夸炫帝王的豪华生活和帝国富强的声威，在铺陈夸饰一番之后，篇末来一段无关痛痒的“讽谏”，所谓“劝百讽一”，总体上是以歌功颂德为主。大赋篇幅较长，规模壮阔，好些是长达千言以上的鸿篇巨制。在结构上多用主客问答的形式；在语言上则是韵语与散文相夹杂，铺陈排比，文辞瑰丽，并喜用生僻古雅的字词以示高奥典雅；句式以四言六言为主，也用杂言，句段之间选用恰当的关联词语作为承接的机钮。小赋多为抒情写志的作品，诗的味道较浓，篇幅也短小。汉赋的主流是大赋。汉以后，受赋的影响出现了骈体文，骈文又影响着赋的变革。到魏晋南北朝，赋沿着骈文与散文而发展，其接近骈文的就成为俳赋、律赋。到唐宋，赋又接近于散文（古文），就出现了文赋。

1. 骚体赋

从西汉初期到汉武帝早期约八十年间，骚体赋的创作成为主流。据《汉书·艺文志》记载，主要的辞赋作家有陆贾、朱建、贾谊、庄忌、枚乘、赵幽王刘友、淮南王刘安和他的宾客群臣等。陆贾最早，作赋三篇，但没有流传下来。根据陆贾《新语》的行文推断，他的辞赋讲究韵律辞藻。庄忌作赋二十四篇，仅存《哀时命》，是一篇抒情性很强的骚体赋。淮南王刘安作赋八十二篇，不存。他的宾客群臣作赋四十四篇，仅存《招隐士》。朱建和赵幽王刘友的辞赋都不存。这一时期最有名的是贾谊和枚乘。

贾谊（前200—前168），河南洛阳人。十八岁时因能够诵诗属文而闻名于郡中。二十余岁时因廷尉吴公的举荐，被汉文帝召为博士，一年中超迁至太中大夫。贾谊是年轻有为的思想家和政论家，提出了改正朔、易服色、兴礼乐，以及裁削藩王、积贮粮食、抗击匈奴、重农抑商等一系列改革政治制度与巩固封建集权的建议和措施。汉文帝一开始很器重贾谊，想要授以公卿之位，因大臣周勃、灌婴等的阻挠与谮毁，将其贬为长沙王太傅，又迁其为梁怀王太傅。后来，梁怀王坠马身亡，贾谊自以为失职，悲泣郁闷而死，年仅三十三岁。《汉书·艺文志》称贾谊的辞赋有七篇，现存四篇。《旱云赋》的创作动因是贾谊遭到周勃、灌婴的阻挠而得不到重用，因而托旱云以寄寓其志。《簏赋》仅存六句。最有名的是《吊屈原赋》和《鹏鸟赋》。《吊屈原赋》是贾谊被贬长沙时，路经当年屈原汨罗江自沉之处，感念自己的遭遇竟与屈原相似，于是“为赋以吊屈原”。在赋中，贾谊以鸾凤、莫邪等喻贤圣方正，以鸱枭、铅刀等比奸佞小人，手法模仿楚辞，“声多类骚”，多用反诘与排比，有纵横之风，自喻而自吊。

《鹏鸟赋》是贾谊任长沙王太傅三年时所作。当时，一只形似鸮的不祥之鸟飞入屋内，贾谊感慨长沙卑湿，自己不能长寿，即作赋排解烦忧。本赋采用了问答体的形式，表达了对自然、社会和人生的看法，道家老庄思想的影子随处可见，如“万物变化兮，固无休息。斡流而迁兮，或推而还。形气转续兮，变化而嬗。沕穆无穷兮，胡可胜言！祸兮福所倚，福兮祸所伏；忧喜聚门兮，吉凶同域”等等，蕴涵了“同生死，轻去就”的豁达情怀，也有一种离世轻生之意。《鹏鸟赋》在形式上已有新意，句法以四言为主，多用排比，形式上趋向散体化，反映了汉初辞赋发展的特点。

枚乘（？—前140），西汉淮阴（今江苏淮阴南）人，字叔。枚乘善文辩，最初为吴王刘濞的郎中。后见刘濞阴谋造反，先后两次上书劝谏。刘濞不听，于是枚乘离开吴地，追随梁孝王。汉景帝时，任弘农都尉，因不甘为郡吏而托病辞官。汉武帝时用安车蒲轮征召枚乘，枚乘年事已高，死于途中。《汉书·艺文志》称枚乘的辞赋有九篇，今存三篇。其中《七发》主要内容是，太子由于生活过分安乐而生病，非药石针灸能够治愈，吴客以音乐、饮食、车马、游观、田猎、观涛及“要言妙道”等七件事情来启发太子，引导他改变懒惰腐朽的生活方式，振作精神以回归正道。因此，《七发》有劝诫讽喻的目的。《七发》的形式采用主客问答，每一章就是一发，首尾是散文性质的问答，中间铺陈夸饰，辞藻繁丽。《七发》中写得最精彩、最奇异的是第六发的广陵观涛，一串串精妙的比喻、奇幻的想象和华丽的铺陈，恰如一幅波涛壮丽的谲诡画卷，使读者的情操得以提升，心灵得以净化。枚乘的《七发》已经不同于西汉初期的骚体辞赋，基本上具备了散体大赋的特征。可以说，《七发》标志着骚体赋时期的结束和散体大赋时代的到来。

2. 散体大赋

汉赋从西汉初期到汉武帝时期，逐渐从骚体赋演变为散体大赋，标志着汉赋的成熟。汉武帝时期，天下一统，国势强盛，骚体赋的体制和表现方式不足以描写与颂扬大汉帝国蓬勃宏阔的气象，极尽铺陈夸饰、“铺采摛文”之能事的散体大赋应运而生。汉赋创作出现了繁荣的局面，相继涌现出众多辞赋作家，可谓名家济济，名作迭出。最能代表散体大赋成就的则是司马相如。

司马相如（约前 179—前 117），蜀郡成都（今属四川）人，字长卿。少名犬子，因敬慕蔺相如，改名为相如。汉景帝时，纳赀（西汉时交纳五百万钱可以为郎，所纳财物即指赀）为郎，做汉景帝的武骑常侍。后来因病免官，游于梁地。数年后，作《子虚赋》。汉武帝喜好辞赋，读了《子虚赋》后大加赞赏，以为此赋是古人所作。司马相如通过蜀人杨得意的推荐见到了汉武帝，作《上林赋》，被任命为郎，司马相如从此成为汉武帝的宫廷侍从。几年后，司马相如被任命为中郎将，奉旨出使巴蜀，作《喻巴蜀檄》和《难蜀父老》，为安定西南做出了贡献。晚年时，因病免官。据《汉书·艺文志》记载，司马相如作赋二十九篇，现在保存下来的仅有《子虚赋》《上林赋》《哀秦二世赋》《长门赋》《美人赋》。其中，《子虚赋》和《上林赋》最著名，是散体大赋的扛鼎之作。

司马相如的散体大赋为后来的辞赋家们竞相模仿，他确立的鸿篇巨制和“劝百讽一”的创作原则，在一定程度上对散体大赋的发展产生了很大的负面影响，散体大赋沿着这个趋势发展，最终走上了绝路。

东方朔、枚皋、王褒、扬雄、班固、张衡等都是散体大赋的名家。东方朔的《答客难》影响很大，丰富了汉赋的艺术表现力。枚皋作赋一百二十余篇，都不存，他的赋俳倡嫚戏，曾自己评价说“为赋乃俳，见视如倡”。王褒的代表作是《洞箫赋》，文学抒情的意味很浓，对后世咏物文学产生了深远的影响。扬雄与司马相如并称“马扬”，是继司马相如之后最著名的散体大赋作家，他的《甘泉赋》《河东赋》《羽猎赋》《长杨赋》是散体大赋中的名作，标志着散体大赋的定型。班固作《两都赋》，描写东、西两都的富丽景象，铺张又不失典雅，说教成分较重。张衡模仿班固的《两都赋》作《二京赋》，历时十年完成，篇幅长达七千六百余字，辞藻堆砌雕琢。司马相如、扬雄、班固、张衡被誉为汉赋四大家。

3. 抒情小赋

散体大赋自扬雄之后陷入了一味地模仿状态，形式主义倾向愈加严重，结构过于宏大，内容空洞无物，使得散体大赋失去了继续发展的活力与空间。进入东汉，特别是东汉中后期，政治昏暗，社会动荡，旨在颂扬宏基伟业、大汉气象的散体大赋失去了赖以存在的社会政治与时代文化基础，走向衰微。一种形式短小灵活的抒情小赋产生，逐渐成为这一时期汉赋创作的主流。东汉初期，冯衍作《显志赋》，开抒情辞赋先声。于是，杜笃、梁竦、傅毅、崔骃、班昭等一些辞赋家开始创作抒情性的辞赋。到了东汉中期，张衡成为抒情小赋的代表，他的《归田赋》，标志着抒情小赋的正式创立。此赋全然没有了散体大赋的铺陈雕琢之风，写景抒情，清新自然，通过抒发清雅自适之志，表达了对官场政治的不满与厌恶。《归田赋》成为汉代抒情小赋的奠基之作，对后世的影响很大。

东汉末年，赵壹和蔡邕是抒情小赋的名家。赵壹的《刺世疾邪赋》直指当时统治政权的腐朽黑暗，用浅俗明快、激切言直的笔调抒发了关心民瘼的忧思与痛恨时政的愤懑，议论与抒情紧密结合，行文刚劲有力。蔡邕的《述行赋》强烈抨击了现实政治的腐朽与黑暗，表现了对民间疾苦的深切同情与仁人志士受压制的愤慨，流露出对汉王朝即将末路与归隐田园的无奈之情。

很长时间以来，人们对汉赋的评价是毁誉参半，甚至因为汉赋是歌功颂德的庙堂文学而予以完全的否定。然而，任何一个时代都有那个时代的文学，汉赋代表了汉代的文学成就，其铺陈描写的都市、山川、建筑、物产、音乐、田猎、宴饮等各个方面，展现了汉帝国的宏阔气象与时代精神，在当时是其他文体无法比拟的。汉赋在辞赋文学的发展过程中是一座里程碑，丰富了中国古代文学的创作手法与形式，作为汉代文学之宗影响深远。

三、乐府民歌与五言诗

乐府民歌和五言诗代表着两汉诗歌创作的最高成就，在中国古代诗歌史上占有重要的地位。

1. 汉乐府民歌

“乐府”最初是集诗、乐、舞为一体的综合艺术创作活动，也是古代音乐官署的名称。“乐府”这一名称最早见于秦代。1976 年 2 月，陕西临潼秦始皇陵园遗址出土了一枚错金银纽钟，纽上铭刻有篆书“乐府”二字，证明秦代已经有了专门管理音乐的官署。秦代乐府的正式设立，极大地促进了民歌俗乐的创作与发展，为汉乐府民歌的兴盛奠定了良好的基础。到了汉代，“乐府”成为专门采诗配乐的音乐官署，据《汉书·艺文志》诗赋略记载：“自孝武立乐府而采歌谣，于是有代、赵之讴，秦、楚之风，皆感于哀乐，缘事而发，亦可以观风俗，知薄厚云。”由于雅乐不符合新形势下礼乐教化的要求，于是“定郊祀之礼”“立乐府”成为大汉帝国走向全盛时期的必然产物。汉武帝任命著名音乐家李延年掌管乐府，先后提举司马相如等数十位大文人创制诵神祭祀的新辞，还派人到各地采集民歌，并诏令七十童男童女彻夜歌舞，且作二十五弦箜篌琴瑟。乐府规模空前盛大，据有关统计，汉武帝时期从事乐府之人多达 829 人。可知，汉武帝“立乐府”将汉代礼乐文化建设推向了高潮。最初，乐府专指掌管音乐的机构，合乐的曲辞被称为“歌诗”，六朝之后乐府一词才逐渐成为一种诗体的名称。汉代乐府歌辞主要分为郊庙歌辞、鼓吹曲辞、相和歌辞和杂曲歌辞。郊庙歌辞为文人所制，多为点缀升平之作；后三类多是乐府民歌，来源于现实民间生活，艺术成就最高。

乐府民歌内容丰富，主要体现在以下几个方面：

（1）揭露统治者的荒淫腐败，反映贫富分化、民不聊生的社会现实。主要代表作有《鸡鸣》《相逢行》《长安狭斜行》《妇病行》《孤儿行》《平陵东》《东门行》等。《东门行》描写了贫苦百姓不堪忍受生活的悲苦，只能铤而走险，进行反抗。此诗“缘事而发”：妻子呼天指亲，苦苦哀求丈夫苟且安活，丈夫苦于家中无衣无食而决意造反。诗句短促平实，人物对话都是家常口语，场景真实感人，是官逼民反的真实写照。

（2）反映战争和徭役给人民造成的灾难。主要代表作有《战城南》和《十五从军征》。《十五从军征》描写了一位老兵残年回到故里的悲惨境地，他十五岁从军，年老回到故里，此时田园荒芜、家破人亡，孤独凄凉地站在门口向东张望，不觉泪流满襟。这类诗作有力地控诉了统治者频繁发动对外战争和无度增加徭役的苛政，表达了人民渴望安居乐业的强烈愿望。

（3）描写游子思归的愁苦。主要代表作有《悲歌》和《艳歌行》。这类游子思归诗作从侧面反映了社会动乱中人们不得不背井离乡的现实，对后世游子诗的创作影响深远。

（4）揭露封建制度下妇女的悲惨命运，控诉封建婚姻制度对妇女的摧残。主要代表作有《上山采蘼芜》《塘上行》《孔雀东南飞》等。《孔雀东南飞》又名《古诗为焦仲卿妻作》，取材于汉末建安年间的真人真事，描写了一对青年男女在婚姻问题上反抗封建家长制的悲剧故事，是一篇杰出的现实主义力作，矛头直指封建礼教和家长制，通过艺术形式表达了人们反抗封建压迫、追求婚姻自由的美好愿望，流传千百年来深受人民群众的喜爱。全诗长达353句，共计1765字，堪称“古今第一首长诗”，代表了汉代乐府民歌的最高艺术成就。

（5）描写对男女之间真挚爱情的向往与追求。主要代表作有《江南》《上邪》《有所思》《白头吟》等。这类诗作表达了古代妇女对爱情至死不渝的追求精神和坚守纯洁忠贞的高尚品质，多有惊人诗句，感人肺腑。

其他的乐府民歌，著名的还有《陌上桑》《雁门太守行》《青青园中葵》《枯鱼过河泣》等，都是与现实生活密切相关的优秀诗作。

乐府民歌的艺术性很高，主要特征是叙事性。这种特征由“缘事而发”的内容所决定，但又不是简单纯粹的叙事，而是为情造文，在客观叙述现实生活内容中抒发真挚的情感。因而，乐府民歌没有固定的章法，四言、五言、七言和杂言的形式都有，语言不求雕饰，质而不俚，浅而能深，近而能远，很能自然贴切地反映社会现实与内心情感，使二者达到统一，趋向艺术的真实。

乐府民歌继承与发扬了中国古代诗歌的现实主义优秀传统，无数的诗人和作家都从中汲取文学营养，它的五言、七言的新诗歌形式对后世诗歌创作产生了巨大的影响，推动了中国古代文学的进一步发展。

2. 汉代五言诗

五言诗的兴起是汉代诗歌成就的重要标志之一。在《楚辞》和《诗经》中，已经出现了五言的成分。进入汉代之后，大量的五言民歌被采入乐府，成为乐府歌辞，并逐渐引起文人的重视与模仿，这些模仿创作有别于乐府的五言歌辞而不入乐，成为五言诗的滥觞，如汉初戚夫人的《永巷歌》、李延年的《北方有佳人》。一般认为，班固的《咏史》是现存最早署名的文人五言诗，但艺术与技巧较差，说明五言诗在当时还处于初创的阶段。此后，张衡的《同声歌》、秦嘉的《赠妇诗》、郦炎的《见志诗》和赵壹的《刺世疾邪诗二首》在艺术形式和表现手法上都有所进步。

代表汉代文人五言诗最高艺术成就的是《古诗十九首》。《古诗十九首》最早著录于梁昭明太子萧统的《文选》，其中有十九首不知作者与年代的“古诗”，创作风格较为一致。据研究考证，这些诗作大致产生于东汉桓、灵之际，作者大多数应该是中下层地主阶级的知识分子。

《古诗十九首》集中反映了社会黑暗现实压抑下失意文人的苦闷、忧虑和羁旅愁怀。其中，《行行重行行》《青青河畔草》《冉冉孤竹生》《凛凛岁云暮》《涉江采芙蓉》《迢迢牵牛星》等，描写了男女离别的伤感和思妇闺中的愁怨；《回车驾言迈》《生年不满百》《今日良宴会》等宣扬了人生无常、及时行乐的思想；《西北有高楼》《明月皎夜光》等抒发了知音难觅、怀才不遇的感慨。伤叹离别、人生无常和失意纵乐是这类诗作所要表达的主要思想情感。

从思想内容方面来看，《古诗十九首》或抒写游子思妇之情，或写士人政治上的失意，其意义在于表现出对自我生命的珍惜，对自我价值的重视，显示了较强的个性觉醒意识，与传统文学中所表现出来的重道德、重群体、重礼义的倾向格格不入，这种人文关怀倾向程度不同地影响到建安文学和六朝文学。

《古诗十九首》的艺术成就与价值极高，被誉为“五言之冠冕”。它继承并突破了“诗骚传统”，兼具乐府诗和文人诗的艺术特长，形成了浅近真挚、文雅自然的艺术风格。它直接开启了建安诗歌创作“五言腾涌”的繁荣局面，在中国古代诗歌史上占有重要的地位。

四、三曹与建安文学

1. 建安风骨

建安文学，三国时期文学的最高代表，以汉献帝的年号——建安（196—219）命名，同时也包括黄初（220—

226)、太和（227—232）一段时间。

建安诗歌继承并发扬了汉乐府诗的精神，较为广泛而真实地反映了汉末的动乱社会。建安诗人大都经历过长期战乱。他们接触社会生活面异常广阔，既看到了战乱给老百姓带来的空前浩劫，自身也感受到乱离的悲怆，因而形成了他们共同的诗歌主题：慷慨悲怆。用刘勰的话说，叫作“慷慨以任气，磊落以使才”，造怀指事，“不求纤密之巧”，“驱辞逐貌，唯取昭晰之能”，隋唐人把这种诗歌风格称之为“建安风骨”。刘勰说的“慷慨以任气”的内涵一方面表现为对当时战乱社会的悲愤苍凉的刻骨铭心的感受，另一方面表现为要求在这动乱的社会现实中建立起追求功业的“壮心”，这两个方面的结合，就是诗人的“慨当以慷，忧思难忘”。就语言形式来看，建安诗歌基本特点是“古直”，是在汉乐府和《古诗十九首》的基础上有所发展，建安诗歌中好多优秀作品是借乐府以写时事，由汉乐府的着重叙事而转向抒情。建安诗人重视文采，但又仍保持民歌通俗化的特色，雅与俗、文与野相结合，则形成文人五言诗特有的用词生动和词采美丽、锤炼警句、韵律和谐的特点，大多诗人不事雕琢而能做到质朴爽朗、刚健清新。

2. 三曹

建安的重要诗人是三曹、七子，还有女诗人蔡琰。三曹指曹操及其子曹丕、曹植。由于他们父子三人的文学成就和政治地位，以及对文学的倡导而形成了一个邺下文人圈子，三曹是核心。他们不是以权势控制文人，而是以自己杰出的文学才能和文学成就招徕作家。他们的作品成为建安文学巨大成就的标志。

曹操（155—220）。不仅是杰出的政治家、军事家，还是著名的诗人。在他戎马三十多年的时间里，每逢登高临赏，必定要吟诗作赋，“被之管弦，皆成乐章”。他自觉继承与发扬了汉乐府“缘事而发”的写实精神，通过摹写乐府诗来反映汉末社会动乱的现实与平定割据混战的政治理想，堪称“汉末实录”“诗史”。曹操现存二十余首诗作基本上是乐府，但较之汉乐府已经赋予了新的内容与特色，质朴而苍劲，慷慨以悲凉，更具有写实性与抒情性。主要代表作有《蒿里行》《薤露行》《苦寒行》《短歌行》《观沧海》等。

曹操的散文主要是疏、令，行文清峻通脱，语言简洁质朴，代表作有《让县自明本志令》和《遗令》。

曹丕（187—226）。是邺下文人集团的实际首领，在他的倡导与支持下，建安文学的创作出现了繁荣的局面。曹丕创作过多种形式的诗作，题材主要是描写男女爱情和游子思归，其中以五言和七言成就最高，较著名的诗有《燕歌行》《于清河见挽船士新婚与妻别》《清河作》等。《燕歌行》虽然是一首乐府诗，但已经采用七言的句法，在当时可谓是一种创新。全诗语言婉转秀美，感情真挚，艺术成就较高。一般认为，《燕歌行》是现存最早最完整的七言诗。

曹丕最著名的散文创作，是他的《典论》一书，原书有二十余篇，现在仅存《自叙》和《论文》。《典论·论文》是中国古代文学批评史上较早的一篇专论。

曹植（192—232）。其一生以 220 年曹丕称帝为界，分为前后两个时期。前期随曹操北征南讨，了解到民间疾苦，培养了建功立业的壮志，作品多以反映社会现实与抒发壮志为题材，如《送应氏》《泰山梁甫行》《说疫气》等作品，以沉重的笔调描写了当时战乱社会的凋敝和人民生活的艰辛。后期因遭迫害，诗歌风格大变，抑郁悲愤成为主要基调，艺术风格与思想内容更为成熟深刻。因为一直受到曹丕、曹叡父子的监视与迫害，曹植曾经一年三次迁徙封国，在残酷的政治高压下郁郁终日，年仅四十一岁便病死了。然而，曹植丰富苦难的人生悲剧造就了他的杰出的文学艺术成就，他的诗骨气奇高、词采华茂，他对乐府民歌进行了加工提炼，创为新格，将五言诗创作推向了成熟的境界，被称为“建安之杰”。

曹植散文作品主要有《求自试表》等。辞赋作品以《洛神赋》最为著名。

3. 建安七子与蔡琰

建安七子，指孔融（153—208）、陈琳、王粲（177—217）、徐幹（171—218）、阮瑀（约 165—212）、应玚（? —217）、刘桢（? —217）。由于曹丕在《典论·论文》中，曾将七人并举，予以赞扬和评论，故称之为“建安七子”。这七人文学成就最突出的是王粲。其代表作有《七哀诗》《登楼赋》，突出地反映了当时的社会动乱和知识分子的流离漂泊的生活景况。刘桢在六朝时诗名甚高，《诗品》列之为上品，时人以曹（植）刘（桢）并称，其代表作为《赠从弟》。陈琳、阮瑀以书檄闻名，《为袁绍檄豫州》《为曹公作书与孙权》是他们的名篇。他俩也写诗，陈琳作乐府诗《饮马长城窟行》；阮瑀作有《驾出北郭门行》，都是反映乱离民生的杰作。七人中除孔融外，其余六人都是邺下集团的文人（曹操为魏王定都于邺；曹丕代汉定都洛阳，邺仍为五都之一）。孔融有《论盛孝章书》传世。孔融为孔子二十世孙，性好学，有异才，名重天下，自负才气，对曹操多侮谩之辞，曾被免官，终与操积怨，构陷成罪，为操所杀。

建安时期还有一位才华横溢的女诗人——蔡琰，字文姬，陈留圉（今河南杞县西南）人，她的父亲蔡邕是东汉末年著名的学者。蔡琰从小跟随父亲过着流亡的生活，最初嫁给河东人卫仲道，夫死无子后回到陈留老家寡居。

190年，蔡琰被董卓部下的凉州兵掳掠至长安，后流落到南匈奴，嫁给左贤王，生有二子，居留胡地长达十二年之久。因曹操与蔡邕是故交，207年，曹操用金璧将蔡琰赎回，改嫁给同郡屯田都尉董祀。蔡琰一生历经坎坷，她有感于自身不幸的遭遇，写下了五言传世名作《悲愤诗》和骚体《悲愤诗》。《悲愤诗》是蔡琰对自己遭遇的记述，全诗108句，共计540字，可谓五言诗中的巨制。全诗记述了女诗人战乱被掳，流落胡地的悲惨经历，揭露了董卓军利用胡、羌残杀汉人的滔天罪行，同时描写了女诗人骨肉分离与回归汉地的矛盾与痛苦。叙事中渗透着浓厚的情感因素，读之令人肝肠寸断，是一篇优秀的五言诗作。另外，有《胡笳十八拍》一篇，相传也是她的作品，但至今尚无定论。

五、绘画、书法、音乐和舞蹈的发展

1. 绘画

在传承先秦绘画传统的基础上，秦汉时期的绘画在题材、构图、造型、形象刻画、表现手法、色彩运用等方面取得了长足发展，传统绘画的民族艺术风格逐渐形成。

秦汉时期的绘画包括壁画、帛画、木简画、木版画和漆画。

壁画在秦汉时期尤为流行，多用于装饰宫殿、祠庙、衙署、宅邸、驿站、墓室等。秦代的壁画主要是宫殿建筑壁画，由于秦代宫殿悉尽焚毁，因而保留下来的壁画极少。据秦宫一号和三号遗址出土的《车马图》《仪仗图》《麦穗图》《建筑图》等残片分析推测，秦代宫殿壁画，形象刻画简洁生动，以线描为主，运笔流畅，色彩丰富，风格瑰丽豪放。汉代的宫殿壁画遗存也很少，据有关文献的记载，汉文帝时，未央宫承明殿绘有屈轶草、进善旌、诽谤木、敢谏鼓等；汉武帝时，甘泉宫台室四壁画有天、地、泰一的神像；汉宣帝时，麒麟阁画有辅国功臣霍光、张安世、赵充国、苏武等十一人的画像；汉明帝时，在洛阳南宫云台画有中兴“二十八将”画像。其他的诸侯宫室、州郡府堂、学堂和寺院也都画有壁画。汉代墓室壁画最为盛行，广泛分布在河南、山西、山东、河北、辽宁、甘肃、江苏、内蒙古等地区，内容大致分为描绘现实生活、历史故事和神灵祥瑞，艺术技法高超，代表了当时最高的艺术水平。已知最早的汉代墓室壁画是洛阳卜千秋墓壁画，墓室年代大约在汉昭帝、宣帝时期。壁画分别绘于墓门内的墓顶、上额和后壁，构成了一幅完整的驱邪升仙图。壁画内容想象丰富，线条流畅洒脱，设色有朱红、淡赭、浅紫、石青和黑色，鲜明强烈，是汉代早期墓室壁画艺术的典型代表。西汉时期的墓室壁画还有洛阳老城西北西汉壁画墓壁画、洛阳八里台西汉墓彩砖图画和山西平陆枣园村壁画墓壁画等。东汉时期，墓室壁画的代表是内蒙古和林格尔汉墓壁画，墓室共有壁画四十六组，五十七个画面，是迄今为止所见汉墓壁画中图幅和榜题保存最多的一处。这一汉墓壁画内容极为丰富，以墓主人生前任官生活为中心，绘有城市、街道、市场、桥梁、关隘、楼阁、仪仗、宴饮、百戏、农耕、渔猎等生活场景，以及圣贤豪侠、孝子志士、良母贤妻、天国仙人、神异祥瑞、珍禽异兽等形象图案，对于研究东汉晚期现实生活与社会文化制度具有极高的资料价值。

帛画是汉代另一重要的绘画形式，通常绘在绢帛织品上供人传看。汉代帛画的数量浩大，由于不易保存，因而流传下来的并不多。20 世纪 70 年代，湖南长沙马王堆汉墓出土的五幅帛画和山东临沂银雀山九号汉墓出土的一幅帛画，是汉代帛画的代表。如长沙马王堆一号汉墓出土的帛画“非衣”（人死后绘制的“旌幡”），整个帛画呈“T”形，全长 205 厘米，上宽 92 厘米，下宽 47.5 厘米。帛画分为天上、人间、地下三部分，绘有日月、灵物、神异等各种图案，寄寓灵魂升天之义。整个帛画构图巧妙、画面多样、均衡统一，人物形象的描绘采用匀细刚劲的线条，勾勒法与没骨法兼用，设色有朱砂、石青、石绿、青黛、藤黄、蛤粉、银粉等，色泽鲜丽，显示出高超精湛的工艺水平。

汉代木简画、木版画的艺术成就稍逊于汉代壁画、帛画，多以墨线勾描形象，画面略显粗糙。主要的代表有内蒙古居延查科尔帖木简画、内蒙古居延肩水金关木版画、江苏扬州邗江胡场汉墓木版画、甘肃武威磨咀子汉墓木版画等。

秦汉漆器工艺发达，在中国黄河流域、长江流域以及蒙古、朝鲜等地出土了大量的秦汉漆器，不少漆器上绘有精美的漆画，说明用于装饰漆器的漆画艺术在这一时期得到了很大的发展。漆画一般以黑漆为底色，用朱、黄、赤、绿、褐等彩色漆汁进行描绘，内容大致分为生活场景、历史人物和神话故事等。秦汉漆画的代表是长沙马王堆一号汉墓彩绘漆棺漆画，以驱邪升天为主题，描绘了云雾漫卷、虚无缥缈的天国世界，画法自然洒脱，线条奔放，表达了人们对长生不老的追求与对梦幻仙境的向往。

三国时期的绘画的发展主要表现在佛像画的兴起。大画家曹不兴善画大幅人像，据说他在五十尺长的绢帛上画人像，心敏手疾，挥笔即成。一次，孙权请他画屏风，画面上误落一笔，他便将之画为苍蝇。孙权误以为真，竟用手去拂拭。可见曹不兴的绘画技巧已经达到了炉火纯青的境界。三国时，吴地佛教渐兴，曹不兴见到天竺传来的佛像，于是描摹，成为中国佛像画的始祖。曹不兴的弟子，有卫协、张墨，在晋代被誉为“画圣”。

2. 书法

书法篆刻是中国特有的一门抽象艺术，人们通过行笔结体表达心绪情感和审美意识。秦汉三国时期是中国文字书体衍变最复杂、最丰富的时期，是中国古代书法史上的重要阶段。秦朝建立前，各国文字形体各异，称为大篆或籀文，交流起来很不方便。秦始皇统一中国后，推行“书同文”政策，小篆成为全国通行的官方标准字体。这一巨大的变革体现了书法由繁就简的发展原则。《泰山刻石》和《琅琊刻石》正是秦篆的典型代表。此外，为适应日常交流与提高公文书写速度的需要，秦代出现了一种较之秦篆更为简易的文字，由于书写者大都是“徒隶”之类的下层小吏，因而被称为隶书。秦隶，将秦篆的圆转笔法改为方折笔法，行笔厚重，有了蚕头、波磔的明显特征。秦隶逐渐取代了秦篆的地位，广泛运用于官府和民间各个书写领域。1975 年，湖北云梦睡虎地第十一号墓出土了 1150 枚墨书竹简，都用秦隶书写，内容涉及秦代法律刑狱、政事公文、知识著作等。墓主叫作“喜”，大致生活在秦昭襄王元年（前 306 年）至秦始皇三十年（前 217 年）之间，可能是迄今所知秦代最早的书法家。秦代还有程邈、李斯、胡毋敬、赵高等著名的书法家，在书法上造诣颇高。

西汉初期的书法，基本上沿袭了秦代的传统，并将秦篆结构严谨的优点同秦隶笔法方折的长处结合起来，出现了一种新书体——汉篆。《成山宫渠斜》、《上林豫章观铜鉴》和嵩山启母庙、太室、少室三石阙等金文石刻都是汉篆的代表。西汉初期，隶书仍受秦隶的影响，风格古拙，被称为古隶。直到西汉晚期，汉隶才正式形成，结体呈横势扁方，带波挑、波磔，也称为今隶。《五凤刻石》《莱子侯刻石》是这一时期的代表，笔力浑圆沉稳，章法起伏跌宕，字体苍劲简练，具有很高的艺术审美价值。

东汉时期，篆、隶、草、行、楷诸体并行，书法艺术出现了繁荣的局面。篆书受到隶书的影响，体现出篆隶结合的特点，出现了缪篆。这一时期篆书的代表有《袁安碑》、《袁敞碑》、《祀三公山碑》、嵩山少室、开母庙石阙铭等。隶书是这一时期的主流，八分体制的形成成为汉隶成熟的最重要的标志，即用蚕头燕尾、波磔等笔法形成扩展开张的体势，字形如同“八”字，体势相背，展现了大汉帝国激昂宏阔的盛世气象，汉代文字从实用书写走向了自觉的书法审美之境。东汉碑刻盛行，绝大多数采用汉隶。汉隶碑刻数量繁多，见于著录的有七百余种，流传至今的碑刻、拓片约有一百七十余种。著名的有《褒斜道石刻》《裴岑纪功碑》《鄐阁颂》《西狭颂》《衡方碑》《张迁碑》《夏承碑》《石门颂》《杨淮表记》《刘国平颂》《三老讳字忌日记》《华山庙碑》《熹平石经》《史晨碑》《乙瑛碑》《尹庙碑》《朝侯小子残石》《曹全碑》《礼器碑》《韩仁铭》《沈府君阙》《孔宙碑》等。这一时期，受隶书的影响，章草、今草逐渐形成。章草在秦末汉初已经出现，是对隶书的急写，也称隶草。传说汉元帝时期的黄门令史游和汉章帝时期的杜度善书章草。今草从章草中脱化而来，但去掉了波磔，笔势楷书化，因而可以说是楷书的草写。行书、楷书出现较晚，传说汉桓帝时期的刘德升创制了行书。考古出土的《流沙坠简》《居延汉简》《玉门宫隧次行简》等载有的文字出现了行、楷的雏形。

两汉时期，人们以“善书”为尚，涌现出众多杰出的书法名家，出现了一些书法理论著作。著名的书法家有史游、曹喜、杜度、崔瑗、张芝、蔡邕、王次仲、刘德升、师宜昌、梁鹄等；理论著作有崔瑗的《草书势》、赵壹的《非草书》、蔡邕的《笔论》和《九势》等。

三国时期承接两汉余绪，在草、行、楷等今体书法上有所发展。这一时期，以曹魏洛阳为中心，书法艺术出现了兴盛的景象。最著名的书法家是钟繇。钟繇（151—230），字元常，颍川长社（今河南长葛东北）人，曾拜曹喜、蔡邕、刘德昇为师，博采众长，尤善行、楷二体。他的楷书以横捺停顿取代了蚕头磔尾，结体茂朴，运笔刚柔相济，确立了楷书书法的基本定式。张怀瓘评价说：“真书（楷书）古雅，道合神明，则元常第一。”钟繇于行、楷有创始之功，对后世书法艺术的发展影响深远。流传至今的钟繇的作品都是后人临摹或翻刻本，有《宣示表》

《贺捷表》《宣和书谱》《还示帖》《荐季直表》等五件行、楷作品。此外，曹魏书法家还有卫觊、韦诞、邯郸淳、胡昭、曹氏父子等。这一时期，书法碑刻也比较流行，主要有《孔羡碑》（又称《鲁孔子庙碑》）、《黄初残碑》、《东武侯王基碑》、《范巨卿碑》、《三体石经》等。三国孙吴的书法成就不及曹魏，现存碑刻有《天发神谶碑》《禅国山碑》《葛君府碑》。其中，《天发神谶碑》被誉为“笔力伟建冠古今”“篆隶之极”，《葛君府碑》是以楷入石的第一碑。

3. 音乐和舞蹈

秦汉时期是中国音乐舞蹈发展的综合转型期，取得了引人瞩目的成就。秦汉王朝积极推进礼乐文化制度的建设，设立了专门的音乐舞蹈管理机构——太乐署和乐府。太乐署主要负责郊庙祭祀、春秋飨射和朝会典礼等庙堂雅乐的定制演奏，乐府主要负责管理俗乐、创制新雅乐和监造乐器。在统治者的大力提倡下，音乐舞蹈艺术出现了繁荣局面，体现了新的时代精神与民族审美意趣。

秦代音乐的状况因材料较少而不甚清楚，大致融合了六国各地不同风格的音乐，显现出一种趋向综合、俗化的特点。汉代音乐大致分为相和歌与鼓吹乐两大类。相和歌是在“街陌谣讴”的民歌基础上继承了先秦“楚声”传统而形成的新音乐形式，歌者要用节鼓及弦乐伴奏相应和，多用于宴饮、娱乐、朝会、祭神等场合。相和歌与舞蹈相配合，称为“大曲”或“相和大曲”，脱离舞蹈，仅用乐器合奏，称作“但曲”。相和歌有瑟调、清调、平三调、楚调和侧调，演奏乐器至少有竽、瑟、鼓，汉末三国之际，已经有笛、笙、琴、瑟、筝、琵琶、节鼓等七种伴奏乐器。比较优秀的相和歌有《江南》《妇病行》《东门行》《白头吟》《陌上桑》《广陵散》等，《乐府诗集》里保存有汉代相和歌辞。鼓吹乐是汉魏六朝时期流行的以打击乐器和管吹乐器合奏的音乐，打击乐器有鼓、鞉，管吹乐器有箫、笛、笳、角。鼓吹乐源于西北和北方外域游牧民族，传入中原后与民间音乐相融合，多用于军乐、仪仗、宴饮、廷会等场合，因而有“黄门鼓吹”“横吹”“骑吹”“短箫铙歌”“箫鼓”等称谓。比较有名的鼓吹乐有《汉横吹曲二十八解》《上邪》《有所思》《战城南》等。此外，“楚声”在汉代也比较盛行，歌辞清新活泼、通俗平易，一般击筑伴奏。知名的“楚声”主要有：刘邦的《大风歌》，汉武帝的《瓠子歌》《天马歌》《秋风辞》，李陵的《别歌》，汉昭帝的《黄鹄歌》，汉少帝的《悲歌》。

秦代舞蹈的相关资料匮乏，一般来说多保留了先秦及六国的宫廷舞蹈。秦始皇灭六国后将俘虏的乐工舞伎纳入咸阳后宫，以备乐舞表演。据《汉书·礼乐志》记载，秦始皇曾经将一组周舞更名为《五行舞》。秦二世曾经在甘泉宫观赏过带有舞蹈性质的俳优角抵。汉代舞蹈出现了楚地舞蹈、中原舞蹈和西域舞蹈相融合的新局面，是中国古代舞蹈艺术发展史的一个高峰。汉代舞蹈大致分为自娱性舞蹈和表演性舞蹈。自娱性舞蹈主要以传达个人情感为主，不讲究舞蹈技巧，可分为自起舞和“以舞相属”。“以舞相属”，即一人表演完毕邀请另一人接着表演，以示友好，娱乐间讲求礼节。表演性舞蹈分为雅舞和俗舞。雅舞有灵星舞和巴渝舞。灵星舞源于民间的农作舞，汉高祖刘邦时开始用于祭祀后稷；巴渝舞源于西南賨族人的民间舞蹈，汉高祖刘邦平定三秦时曾用賨族人做先锋，后将賨族人的舞蹈改编后带入宫廷，用于朝会宴饮、接待使节等隆重场合，表演战斗的场面。俗舞有长袖舞、巾舞、盘鼓舞、建鼓舞、拂舞、铎舞、鞞舞、剑舞等。这一类舞蹈源于民间舞蹈，传入宫廷后经过乐工、文人的改变加工，形式丰富多样，以娱乐性为主，多用于宴饮，也称为“杂舞”。盘鼓舞是俗舞的典型代表，又称“七盘舞”，将盘、鼓置于地面，舞者在其上或其侧起舞，对于手袖和腰肢的动作要求很高，舞蹈动作与击鼓节奏配合紧密，腾踏飞舞间显现出高超的技艺与动人的美感。盘鼓舞多同杂技百戏一起演出，成为汉代人们最喜爱的舞蹈。

另外，汉代百戏盛行，其中汇集了杂技、角抵、幻术、歌舞、驯兽和俳优戏等诸多艺术形式，对汉代舞蹈的发展影响深远。汉代舞蹈艺术吸收了百戏中其他表演的优秀技艺，丰富了技艺与内容。汉代百戏中比较有名的歌舞表演有《总会仙倡》、《曼延之戏》和《东海黄公》。

第六章　风　俗

历史进入秦汉以后，随着封建大一统帝国的建立和多民族的统一融合，全国社会经济和文化得以迅速发展，使得秦汉三国风俗在服饰、饮食、居住、交通、婚姻、丧葬、节庆、礼仪、娱乐等方面有了崭新的变化，呈现出特有的风俗民情和生存样态。

一、衣食住行

1. 服饰

秦汉三国时期，服饰的主要原料有麻、丝、葛、皮、棉等，随着纺织技术的发展，服饰的质地、花色、品种也较之以前更为丰富。服饰的不同，不仅反映了一个时代民众的生活水平与质量，也体现出身份与等级的差别。秦汉以后，封建一统思想也表现在对天子、百官和吏民的冠服的具体规定上，服饰成为国家社会制度中反映封建等级关系的一个重要方面。

冠服是反映国家社会等级关系的礼服。秦朝在统一六国之后，在战国冠服制度基础之上创立了一套适应封建专制主义中央集权的冠服制度。两汉沿承秦制，特别是东汉以后，将秦制与三代古制相糅合，使冠服制度更加完备。天子冠服代表着至高无上的权威与尊严，秦始皇戴“通天冠”，高九寸，“顶少斜却，乃直下，铁为卷梁，前有展筩”。祭祀的礼服是玄（黑中带红）衣绛（深红色）裳，服色尚黑。汉初刘邦服刘氏冠，据载是刘邦任泗上亭长时所制，做皇帝后，规定公乘爵位以上的人可以服“刘氏冠”。刘邦死后，“刘氏冠”被定为祭祀时的礼冠，更名为“长冠”。东汉时期，天子服“通天冠”，以红色为上，祭祀时服旒冕，着“玄衣纁（浅红色）裳”，即黑红色上衣，浅红色下裳，并绣有十二种象征意义的服饰花纹；里面穿镶红边领袖中衣与红色绔袜，足登亦舄丝履。百官冠服，秦代主要有高山冠、法冠、武冠等，采用深衣制，三品以上的官员穿绿袍深衣，庶民可穿白袍。汉代百官冠服渐趋烦琐，诸王侯服“远游冠”，侍御史、廷尉服法冠，武官服武冠，五官、左右虎贲、羽林、五中郎将、羽林左右监服鹖冠，侍中、中常侍服鵕鸃冠，司马殿门卫士服樊哙冠，公卿、诸侯、大夫辟雍行大射礼时服委貌冠，中外官、谒者、仆射服高山冠，公侯、刘氏宗亲、中二千石以下至博士和小史服进贤冠，卫士服却敌冠，祭祀天地、五郊、明堂时舞《育命舞》的乐人服建华冠，祭祀宗庙时舞《大予》《八佾》《四时》《五行》的乐人服方山冠。东汉时还规定百官的服饰，按照季节的变换分别服青、红、黄、白、绛红等五色。

常服是指一般人日常所穿的服装，主要分为长袍和短衣两大类。袍服起源于先秦的深衣（上身为衣，下身为裳，将上下缝合一体即是深衣），秦汉三国时期的袍服主要有禅衣、襜褕和夹袍。禅衣是单层薄长袍，衣料用布帛或薄丝绸，是一般富人和贵族的常服。长沙马王堆曾出土了一件素纱禅衣，衣身长128厘米，袖长190厘米，仅重49克，是现在能见到的秦汉三国时期禅衣中的精品。襜褕由禅衣演变而来，较之禅衣更为宽博厚重，衣料多用厚丝绸或毛织物。襜褕作为常服男女通用，后来逐渐成为女子的常服。夹袍又称复衣、複袍，袍中有里，可以填充丝绵等物。用细长的新绵填制而成的称作纩袍，一般是富人贵族的常服；用旧絮或粗短的新绵填制的称作缊袍，一般是平民的常服。缊袍在秦汉三国时期最为普遍。当时的短衣主要分为内衣和外短衣两大类。内衣有衫和亵。衫指单内衣，又称汗衣、汗襦，相当于现在的背心。亵，即夹内衣。外短衣有襦和袭。襦是及于膝上的绵夹衣，袭是没有着棉絮的短上衣。与短上衣搭配，下身要穿袴，即裤子。贵族子弟往往穿以纨为质料的绔，故称“纨绔子弟”。而一般平民往往穿“犊鼻裤”，是一种裤腿较短的裤，司马相如贫贱时，在成都当酒保曾穿过犊鼻裤。汉代男子的袴有裆，女子的袴无裆。女子往往穿裙，因而上襦下裙是一般女子的装束。

除了上述的冠服和常服之外，还有特种服饰和其他杂服饰。特种服饰有军服、囚服、丧服和少数民族服饰。军服，据出土的秦兵马俑中职务和兵种的情况，服饰各有所不同。将军头戴长冠，双卷尾饰。组缨系在颈下，身穿两层战袍，外罩护甲。一般武官戴长冠，单卷尾饰。御手戴白色圆形软帽，帽上套长冠，单卷尾饰。车士有的戴白色圆形软帽，有的戴单卷尾饰长冠。骑兵头戴圆形帻，穿紧腰短袍，外披齐腰铠甲。步兵中的铠甲武士着帻，穿有铠甲的战袍，而战袍武士穿交领右衽战袍。一般说来，普通士兵不戴冠，用帻束发。军服服色也各有不同。武士战袍多为红色。御手战袍为褐色。铠甲武士有的穿绿色短褐，衣领袖口有赭色花边，下穿深红色袴；有的穿红色短褐，衣领袖口有浅蓝花边，下穿蓝色或绿色袴。秦军的铠甲有铁制与皮制，可以护及全身主要部位，并且从将军、武官到一般士兵都有护腿。两汉军服沿承秦制，东汉军服以红色为上。囚服是罪犯身穿的服装。秦汉三国时期的犯人穿赭色衣。据《居延汉简甲乙篇》记载，边塞服刑的犯人穿黑袍、白布袴、白色皮制鞋。秦汉三国时期的丧服一般为白色，即“缟素”。但并非一切白服都是丧服，一般平民和下层官吏也穿白衣或戴白巾。少数民族的服饰繁杂各异，北方少数民族多穿小袖窄衣，质料多为皮质，如匈奴，一般左衽。南方少数民族多穿宽博长衣，饰物精巧繁多，一般文身、左衽。秦汉三国时期的杂服饰主要指鞋、袜、手套等。鞋分履、舄和屐。履有三种，用革制成的叫鞜；用丝制成的叫锦履；用麻制成的叫麻履，又叫“不借”。复底鞋称作舄或屐，舄有木底，与履底大小略同，适宜礼仪场合或泥湿地面；屐，比舄轻便，多为木制，底有两木齿。袜的质料一般为布帛或皮革，袜高约一尺，上端有带，以便扎紧。袜色一般为白色，祭祀时所穿袜色为红色。秦汉三国时期有进门脱履的习俗，人们在屋内往往穿袜行于席上。戴罪在身的吏民要脱履赤足，南方湿热的地方人们多赤足。四川广汉市出土的东汉时期的锦袜和长沙马王堆汉墓出土的素绢袜都是袜中上品。手套一般用于御寒，长沙马王堆汉墓出土的朱罗手套和素罗手套，内絮绵丝，与现在的手套相似。

2. 饮食

随着社会经济水平的不断提高，秦汉三国时期人们的饮食结构发生了很大变化，食物种类增多，烹饪技术改进，饮食习惯也有了新特点，饮酒、食肉在上层生活饮食中较为普遍。

主食，主要对“五谷”系列农作物进行加工制作，黄河流域主要以麦为主。通常的麦食有饼、饭、粥三种。饼的制作方法有三种。死面蒸饼，将麦磨成面，用水掺和，不发酵，捏成饼状，放入釜甑中蒸熟；“胡饼”，将捏好的面饼烤熟，上撒胡麻，出现于东汉时期，汉灵帝和王公大臣都喜欢食用；“煮饼”，将和好的面揪成片状，用沸水煮熟，又称作“汤饼”。饭，主要用大麦制成的干饭，又称“糒”“糗”，也有以粟、黍、稻为原料。麦饭的制法是将麦去秕，蒸或煮熟即可。麦饭经曝干后可以长期保存，是一般平民的主要食物。富人贵族吃麦饭往往被视为俭约与“清廉”。粥是用麦煮成稀饭，在北方较为普遍，由于易于消化而成为老人和妇孺的常食。其他如粟、黍、稻等的食用方法以干饭为主。

副食，主要有豆制品、蔬菜和肉类。豆制品以豆豉的食用较为普遍。秦汉三国时期有了豆芽的制作与食用，豆腐也可能已经出现。蔬菜品种繁多，有葵、芹菜、芋头、韭菜、芜菁、芥菜、萝卜、黄瓜、菠菜、蘘荷、菱芡、薏苡、瓠、葱、藕、蒜等，其中黄瓜、菠菜、葱、蒜是从国外传来的，黄瓜又称胡瓜。肉类品种丰富，分为家养与野生两类。家养的“六畜”（马、牛、羊、猪、鸡、狗）及鸭和鹅都可食用，其中马和牛是重要的役畜，因而不轻易食用。人们食用最多的是猪和鸡。猪的下水如舌、心、肝、肠、胃、肺、头、蹄等皆可食用。鸡较之猪的饲养量大，一般平民多食用鸡和鸡蛋。食用狗肉在今河北、山东、苏北地区比较盛行。据《史记·樊郦滕灌列传》记载，樊哙曾“以屠狗为事”。秦汉三国时期食用的野生动物，兽类主要有熊、虎、獐、豹、猩、猴、狸、麋、鹿、豺、狼、貉、兔、鼠、野猪等；野禽类主要有雁、鹰、雕、鹞、鸨、鸠、鸽、燕、鹜（野鸭）、雉（野鸡）、鸹（乌鸦）、鹑鴳（鹌鹑）等；水产类主要有鲤、鲂、鲫、鳜、鲋、鲐、鳂、鲍、鳅、龟、鼋、鳖、蟹、蚌、螺、贝、蛤、虾等。

杂食，主要包括水果和点心。秦汉三国时期水果的品种繁多，主要有桃、李、柿、杏、枣、梨、梅、栗、柑、橙、橘、柰、棣、葡萄、胡桃、枇杷、杨梅、西瓜、橄榄、荔枝、龙眼、槟榔、安石榴、留球子、千岁子等。点心花样众多，据考有粔籹（用蜜和糯米粉制成的环形点心）、稻蜜糒、稻粫、枣粫（加有大枣的糯米点心）、白粫、糖扶于粫（加有壖荠的糯米点心）、孝餳（用米汁熬成的胶牙糖）、卵粺（可能是加鸡蛋的米饼）等。

饮料，主要有水、汤、乳、浆、酒和茶。可供饮用的水有井水、河水和泉水，东汉时期人们普遍将水加热饮用，称煮热的水为“汤”。牛乳、羊乳由于营养价值高而受到人们的重视，特别是畜牧业较为发达的地区，不仅饮用牛、羊乳，还将其制成乳酪。浆是秦汉三国时期非常普及的饮料，一般用米粉或面粉调水制成。据有关文献记载，汉代的浆类饮料有果浆、蜜浆、椒浆、桂浆、梅浆、柘浆、桃滥水等。饮酒风气盛行，“有礼是会，无酒不行”，上自皇帝公卿，下至平民百姓，大凡重要的礼仪和生活场合都要饮酒。随着酿酒技术的提高，酒的品种较之以前有了明显的增多。以粮食为原料的有黍酒、秫酒、稻酒、稗米酒；以水果为原料的有葡萄酒、甘蔗酒；加香料的有菊花酒、桂酒、椒酒、柏叶酒。茶，西汉中期王褒的《僮约》中有“烹茶尽具”“武都买茶”，是茶作为饮料的最早文字记载。东汉时期，饮茶比较流行。三国东吴的韦曜不善饮酒，吴主孙皓“密赐茶荈以当酒”。茶的益生功用也逐渐得到认可，华佗曾评价“苦茶久食益意思”。

烹饪技术不断提高，灶具和餐具有了很大的改进。烹饪方法主要有：羹，制作肉汤；炙，将肉用签子串起来放在火上烧烤；炮，将带有皮毛的兽肉裹上泥烧烤；濯，将食物放入沸水热油中煮炸；脍，将生肉切细而食；脯，制作肉干；腊，将肉烤熟后晒干；菹，腌制酱菜；醢，制作肉酱；鮨，制作鱼酱；鲍，腌制臭鱼。灶具主要有：灶，是厨房最基本的设备，大致与今农村烧柴灶相同，灶面有圆形、方形、船形和椭圆形，灶门有方形、券形和长方形，灶眼有一个大的在灶面上，另外有两个小灶眼，用于放置釜、甑。灶上装有烟囱，又叫“曲突”，用来通风助燃。釜，一般用夹砂陶制成，腹扁圆，用于煮食。甑，底小口大而呈盆形，底部有穿孔，用于蒸食。釜和甑往往配合使用，将甑置于釜上，下煮上蒸。餐具主要有：盛饭的碗，盛菜的盘，盛酒的耳杯和卮，取羹的勺，夹菜的箸，以及放置餐具的食案。

饮食状况与风尚变化很大。每天的饮食，一般人为二餐或三餐。王侯普遍实行三餐制。皇帝按平旦、昼、晡、莫（暮），即每天的四个阶段实行四餐制。长者吃肉，晚辈吃素，以体现尊老的美德。盛行宴饮之风，而且公开宴饮时男女可以同饮。属于宗教迷信的禁忌，有寒食、不食牛肉（流行于长江下游吴地）、不食生鱼（流行于齐地祝阿，即今山东济南北）、不食鹳鸟（流行于关中地区）；属于健康卫生的禁忌，如不食鼠涉饭。

3. 居住

秦汉三国时期的建筑水平有了显著的提高，皇室贵族与富人的居住条件趋向富丽奢华，而一般平民的住宅条件并未得到改善，反映出社会阶层间地位与贫富差距的进一步拉大。

宫殿建筑代表了秦汉三国时期建筑的最高水平。秦始皇统一中国后，大兴土木，营建了众多豪华的宫殿，关中有三百处，关外有四百余处。他还命人将六国宫殿的图样描摹下来，在咸阳北陂照样修筑。秦始皇在上林苑营建了规模宏大的阿房宫，其“规恢三百余里，离宫别馆，弥山跨谷，辇道相属，阁道通骊山八十余里。表南山之颠以为阙，络樊川以为池”。据记载，阿房宫东西五百步，南北五十丈，上可坐万人，下可建五丈旗，殿前放置十二铜人像。阿房宫是由多种建筑形式组合的建筑群，殿堂廊庑、园林池囿相隔其中，成为中国古代最有名的宫殿建筑之一。然而，以上的许多宫殿都已毁于战火。西汉初期迁都长安，萧何奉命将秦朝的兴乐宫改建为长乐宫；后来又在秦朝章台宫的旧址上兴建了未央宫，作为朝会之所，后来皇帝也居住在这里。汉武帝时期，国势强盛，好大喜功的汉武帝大兴土木，兴建了明光宫、桂宫和北宫，供后妃们居住。西汉时期建造的宫殿数量很多，而且奢侈华丽，可谓“穷泰而极侈”。东汉定都洛阳，汉光武帝刘秀兴修了南宫和北宫。自汉明帝起，大规模兴修宫殿，德阳殿的规模可比阿房宫与未央宫，据说可容纳万余人，陛高两丈，殿前的朱雀阙直耸云端，二十公里外可以望见。东汉末年，董卓作乱火烧洛阳，规模空前、极度奢华的宫殿建筑都化为废墟。

一般住宅的基本形式是一堂二室。贵族、官吏、地主和富人的府第与平民的住房有着天壤之别。据四川德阳画像砖来看，一般汉代贵族的府第有一座高大的正门，可以通过马车；一侧设有小门，供一般人出入；与正门相对的是前堂，堂前有两根粗大的楹柱，南面开敞，其他三面为墙，堂室高大宽敞；堂的两侧有夹室，后面有门户相通之房；有的前堂后面是后堂；另外，宅院中还有车房、马厩、厨房、库房以及奴仆的住房。大贵族和权臣的府第规模与奢华程度可比王室。豪族地主的庄园将住宅、园林和天地合为一体。一些显贵富豪也拥有私人园林。一般平民的住房条件同先秦时期差不多，“茅茨不翦”，“斧成木构而已”，十分简陋。关中和陇上地区多以板为房。黄河中下游地区多是茅屋。有许多贫苦的农民甚至住在“瓜牛棚”（养牛与看瓜的棚）和洞穴里。少数民族的居住情况南北各异，北方匈奴、乌桓、鲜卑等游牧民族多以穹庐为室。西南地区少数民族的房屋多为干阑或干井式，有木屋、竹屋和石室。

居室用具比较繁多，等级贫富间差异很大。席，一般用蒲草或蔺草编成。贵族与富人所用的席，席边多用黄绢、锦、帛和兽皮包缝；还有竹席，“籧篨”为粗竹席，簟为细竹席。宁夏银川平吉堡汉墓出土了用薄篾片编成人字纹土竹席，是民间流行的竹席。床，多为木制，近地，没有栏杆，上面铺席。席上的卧具有枕、被、褥。床既可以用于睡眠，也可以坐。“胡床”从北方胡地传入，可以折叠，类似现在的“马扎”。榻，从北方胡地传入，是一种占地小、易移动的轻便坐具，有单人、双人及多人坐榻。富贵官宦之家多坐榻，以示身份高贵。案几，既可用来放置碗、盘等餐具，也可供书写使用，有木案和石案。上述居室用具中的席、榻和案几都适应跪坐姿势。灯烛，是汉代主要的照明用具，形式多样，有人俑灯、羊尊灯、牛灯、朱雀灯、凤鸟灯、雁足灯、花树连枝灯、豆形灯、卮灯、盘灯、三足炉灯、奁形灯、耳杯灯等。最有名的是河北满城汉墓出土的长信宫灯，形制为一宫女跽坐（双膝着地，上身挺直）持灯，灯盘有双重直壁，可以转动，盘上插置两片能够开合的弧形屏板作为灯罩，因此灯光照度和射向均可调节。宫女的右臂侧举，右臂衣袖下垂作为灯盖，既能导烟助燃，又显得精巧美观，灯体的每一部分都可拆卸除垢。其他用具还有：帷帐、屏风、承尘（用木板制成，悬在床、榻之上以接尘土）、香炉、唾壶、笥、箧、簏等等。

4. 交通

秦汉三国时期的交通运输比较发达，主要分为陆路交通和水路交通。秦始皇为抵御匈奴，巩固边疆，自咸阳西北的云阳至今包头附近的秦九原郡，修筑了一条长达九百多公里的直道。此外，他为了巡游全国，陆续修筑了驰道，以关中为中心连接全国各郡县，在长江以北初步建立了陆路交通网。两汉时期在此基础上有了进一步的拓展。汉武帝元封四年（前 107 年），修筑了自汧（今陕西陇县南）、回中（今陕西陇县西北）至萧关（今宁夏固原）的回中道。为进一步加强关中与巴蜀、西南夷地区的联系，修筑了沿褒水、斜水由今陕西眉县附近越太白山至今陕西褒城附近的褒斜道和“通道千余里”的五尺道，随着张骞通西域，开辟了沟通欧亚大陆的著名的“丝绸之路”。东汉时期，岭南地区的陆路交通有所发展。东汉初年，汉光武帝为防御匈奴、乌桓的掠扰，命王霸修筑了自今山西大同附近经河北蔚县一线向北延伸的飞狐道。此后桂阳太守卫飒凿通了联系含洭、浈阳、曲江的五百余里的山道；大司农郑弘开通了零陵、桂阳峤道。东汉时期还开辟了经西域折向西南，到达印度的道路。随着这些沟通域外的道路的开辟，中国与世界在政治、经济、文化等方面的交流往来愈加频繁密切了。

水路交通主要分为内河航运与海上交通。内河航运以黄河和长江为主干，其他天然水系和人工运河渠道为分支，组成了全国范围的水路交通网。北方的黄河漕运与南方水道运输的开发，加强了封建政权的统治和各地区间的联系，具有重大的政治、军事和经济战略意义。海上交通在这一时期有了新的发展。近海航运以齐地和会稽郡为中心，南北沿海一线交通便利，北至辽东、乐浪，南达交趾七郡。远海航运以会稽的东冶和南海的番禺为中心，东至日本、琉球诸岛，南达今菲律宾、新加坡、马来西亚等国。东汉时期，航线甚至经印度洋到达红海，形成了海上丝绸之路。此外，海运与内河航运的结合，是这一时期水陆交通发展的一个新特点。南起交趾，转东冶，经临淮入淮水，由鸿沟进黄河，溯河而上，沿洛水到洛阳，再至长安东郊。

交通运输工具主要有车马与舟船。车是陆路交通的最主要工具，有安车（设有座位，有低矮的车盖，用四匹马牵拉，一般为皇帝或公侯的坐乘)、立车（一般为皇帝的立乘)、轺车（四面开敞、可坐可立的小车，一般为三老、商人的坐乘)、軿车（四面封闭、供妇女乘坐的车，一般为皇室贵族妇女的坐乘)、容车（妇女乘坐的小车)、辒车、辌车（又合称辒辌车，可供人平躺，用于出行或运载尸柩)、辎车（用于装载衣物)、栈车（用于装载竹木)、槛车（用于捕杀猛兽或载运囚犯)、斧车、鼓车、歌车（车内纳大斧、鼓或歌者，用于仪仗）等。车一般用马或牛牵拉，秦末汉初和东汉后期，经济萧条，马极为缺少，出现过“将相或乘牛车”的现象。此外，还出现过驴车、羊车、骡车、驼车等，仅为特殊情况下使用，生活中并不多见。汉代出现了辇车、鹿车等人力车，辇车有双轮，靠多人牵拉。鹿车，近似于现在的独轮手推车，轻巧方便，能够在狭窄的道路上行进，既能载物又能载人，是汉代普通百姓最常用的交通工具。三国时期，诸葛亮改进了独轮车而制作成“木牛流马”，最高载重量约 250 公斤，适用于险狭山地，成为蜀军运输粮草的主要工具。马是陆路交通的另一重要工具，多用于驿传；贵族子弟出游和宾客来往较为流行骑马。当时骑马有鞍无镫。骑牛一般出现在普通农户中，汉光武帝刘秀起兵时曾经骑牛。

舟船是水路交通的主要运输工具。秦汉时期造船业十分发达，出现了许多造船基地。1974 年底广州发现了一处规模很大的造船工场遗址，有三个平行的造船台，还出土了木船、木船模型和陶船模型等。船体具备桨、橹、帆、舵、锚等设备。船的形制与分类各有不同，载重五百斛（约二十五吨）以上有小屋的称为“斥候”，载重三百斛、形制较短的称为“艑”，载重三百斛以下称为“艇”。民间较大的船可达五丈（约十一米）。最大的船型是楼船，高十余丈，主要用于军事。楼船也用于出行游乐，三国时期孙权曾经在楼船之上宴乐群臣。除了木船之外，皮筏、竹筏、木罂缻也是民间水上的交通工具。

二、婚丧嫁娶

婚丧嫁娶是社会生活的重要组成方面，直接反映了一个时代、国家和民族统一的心理定式、价值取向和风俗习惯。秦汉三国时期，在这一方面较之先秦时期有了很大的不同。

1. 嫁娶

秦汉三国时期的婚礼在沿承了古老婚礼的基础上发生了一些新的变革。

婚龄方面，所谓“男三十而娶，女二十而嫁”的古制并未得到奉行。一般来讲，男二十，女十五，是那个时期婚龄的界限。早婚较为普遍，上自皇室贵族，下到平民百姓，初婚年龄相对于古代其他时期明显提早，男子初婚年龄约在14～18岁之间，女子初婚年龄约在13～16岁之间。例如，两汉皇室男子，除了西汉惠帝、东汉明帝和章帝初婚年龄在20岁左右，其他诸帝及封王的初婚年龄基本上在14～16岁之间；皇室女子的初婚年龄基本上在13～16岁之间。其他社会各个阶层基本上不出这个范围，曹操嫁女给荆州周不疑，周不疑年仅17岁；居延汉简记载有关女子初婚年龄基本上不晚于16岁。早婚的盛行有多种原因：首先，由于战乱频繁，人口锐减，为满足社会生产劳动力需求，增加国家税收，确保徭役和军备的补充，政府实施鼓励人口生殖的政策。如西汉惠帝六年（前189年）诏令“女子十五以上至三十不嫁，五算”，对晚婚进行强制性经济惩罚。其次，由中国古代社会小农经济特征所决定，农业要扩大规模和再生产，最原始和直接的方法是投入更多的劳动力，早婚成为一种相对落后的自然经济的必然选择。再次，传统“广重嗣”的宗族观念与养儿防老思想深入民心，早婚早育、多子多孙甚至成为引以为荣的事情。早婚虽然对促进人口增殖起到了积极的作用，但婚龄结构的偏小也带来了一些社会弊端。西汉王吉曾经针对早婚现象批评说：“夫妇，人伦大纲，夭寿之萌也。世俗嫁娶太早，未知为人父母之道而有子，是以教化不明而民多夭。”但由于容貌、品行、疾病、经济拮据（负担不起聘礼）、战乱动荡、求学研经等因素的影响，也有大龄晚婚的。如三国时期的周瑜，因辗转征战，24岁才结婚。

择偶标准方面，门当户对的观念最为流行。上层的皇室、贵族、官吏、富豪多选择与之社会政治和经济地位相当的为缔结婚姻的对象，这种倾向有利于巩固发展家族政治势力，壮大经济实力，甚至化敌为友，拓展竞争空间。下层普通平民百姓多选择与之地位相近的联姻。社会政治和经济地位相差较大的家庭间很少通婚，尤其是到东汉后期，上层婚姻的门阀色彩更浓，门第观念成为择偶方面一道难以逾越的鸿沟。此外，容貌、才能、品行、卜相也是择偶的重要标准。这一时期，出现了“重亲”的择偶现象，即联姻之家再结婚姻。例如，光武帝族兄刘嘉娶任宝的姊妹为妻，任宝娶刘嘉的妹妹为妻；刘嘉的儿子刘立娶任宝兄长的女儿为妻。这种现象存在于社会各个阶层，不良后果可能会导致乱伦。汉代择偶标准还有“五禁”，即丧妇之长女不娶、世有恶疾不娶、世有刑人不娶、逆家女不娶，乱家女不娶，大都属于封建伦理道德范畴。

婚仪基本沿用古老的“六礼”，即纳彩、问名、纳吉、纳征、请期、亲迎。纳彩和问名相当于相亲，纳吉和纳征相当于定亲，请期和亲迎相当于成亲。由于“六礼”过于烦琐，除了皇室贵族严格遵照之外，一般人并不拘泥于此，更为简洁实际。婚仪之前是议婚，通常由男方向女方提亲，或由父母亲自出面，或托亲戚朋友，或找媒人介绍，一旦得到对方的应允，便可以进入纳彩的环节。纳彩，男方托媒人到女方家中求婚，观女子仪容，行纳彩礼。礼物一般用雁，寓意顺乎阴阳，也有璧、羊、酒等，象征美满。问名，在纳彩之后，求问女子姓名生辰，进行占卜以确定双方是否同姓和吉利与否，同姓则不婚，吉兆方可成事。纳吉，是将占亲的吉兆告知女方。纳征，给女方送订婚的聘礼，汉代吕后制定，皇后聘礼为黄金二万斤，王莽改制娶史氏的聘礼为黄金三万斤。一般官吏、富豪聘礼规模也十分惊人，二三万钱的聘金被视为简陋。普通平民百姓的聘礼较少，较之上层社会不可同日而语。请期，纳聘礼后，男方通过占卜决定婚期。亲迎，男方在婚日迎娶新娘。皇帝迎亲要派使者大臣持节杖迎亲。一般男子要亲自登门，迎出门时，男前女后。女子出阁之前要聆听父母有关持守孝道和妇德的嘱咐。社会各个阶层都非常重视迎亲的排场。东汉时期，富人迎亲，所用车马、僮仆众多，场面热闹气派，且相互攀比之风甚盛。新人迎娶到夫家，要行同牢礼，饮合卺酒，行拜姑礼等仪式，之后是婚宴。婚日，要设宴招待男女双方的亲朋好友和左邻右舍，婚宴之上，饮酒作贺，歌舞取乐，将婚礼的喜庆气氛推向高潮。另外，宾客还可与新人嬉闹取乐，这种习俗控制不好会乐极生悲。婚后三个月，新婚夫妇要拜祭祖庙，婚礼才告完成。

一般实行一夫一妻制，也存在一夫多妻和一妻多夫的现象。女子在婚姻中有自己选择对象的自主权。女子节烈观念较为淡薄，特别是上层纵欲荒淫，男女婚外性关系较为随便，再婚现象很平常。汉代离婚有“七弃、三不去”原则，七弃指不顺父母、无子、淫、妒、有恶疾、多言、盗窃；三不去指“有所取（娶）而无所归”、“与更三年丧”和“前贫贱而后富贵”。另外，秦代人离婚时要向官府报告登记，否则会受到各罚“二甲”的惩处。

2. 丧葬

秦汉三国时期的丧葬礼俗基本上沿承古法，等级性突出，日趋隆重繁缛。通常主要分为葬前、葬礼和服丧三个阶段。

葬前分为初死和停尸。人初死，要沐尸装殓。沐尸，是对遗体进行沐浴清洁。装殓包括置备裹尸的葬衣、饭含和随葬品。葬衣，有布帛与金玉之分，体现了阶层的巨大差异。皇室贵族多用玉衣，有金镂玉衣、银缕玉衣和铜缕玉衣，1968 年河北满城西汉中山王刘胜墓中出土了两套金镂玉衣，其中一件浑身用 2498 片玉片和 1100 克金丝穿连而成，全长 1.88 米。一般人用布帛、绵被裹尸，有的甚至裸葬，可谓薄葬。饭含，在死者口中放置玉石、珠贝等物。随葬品多以生活日用器具为主，也有少量礼器，随死者埋入地下，以备死者在另一个世界继续享有生前生活的一切。随葬品以帝王陵墓最为奢侈繁多，如秦始皇骊山墓，随葬了无数奇珍异宝，“以水银为百川江河大海，机相灌输，上具天文，下具地理。以人鱼膏为烛，度不灭者久之”。陵墓东侧还埋有规模宏大的兵马俑群，被誉为世界古代文明七大奇迹之一。

人死后，家人要宣布死讯，告知死者的亲朋邻友，称作“发丧”，被告知的亲友理应赴丧。停尸，是葬前重要的环节，死者的灵柩一般放置在堂前，供人们哭丧和吊唁，吊唁者应向丧家送“赗礼”“赙钱”以示慰藉和资助。停尸的时间不宜过长或太短，依据社会等级地位的不同有定制，天子七日而殡，七月而葬；诸侯五日而殡，五月而葬；大夫、士和庶人三日而殡，三月而葬。

葬礼主要指出殡的过程。出丧时要用车载棺椁。丧车主要有輀车、容车、辒辌车、衣车、牛车等。棺椁显示等级的不同，皇帝的棺椁称为“黄肠题凑”，由数以万计的长方黄杨木组成；诸侯王或贵族一般用梓棺、樟棺；平民的棺木称作“櫘”，木料多以桐、杉和杂木为主；极为贫困的人用瓦棺，有的甚至将尸体置于一块木板或地面之上。棺饰分为涂色和不涂色两种，普通人用不涂色的“素棺”，上层人用朱棺、画棺和黑漆棺。棺椁上要覆盖铭旌，写有死者的籍贯与性别。天子出殡最为隆重，沿路设祭，举国哀恸。重臣出殡，国家派羽林孤儿或军士列阵护送。送葬队伍多由亲属或友人组成，死者的子女身着丧服在前用绋牵引丧车，队伍行进中人们要发出悲声，西汉时期出现了挽歌和哀乐。下葬时，将棺木徐徐下放，死者亲属要表现出极度的悲哀，否则会被视为违背礼仪，受到舆论指责或法律惩罚。墓葬的形式有单人葬、双人合葬和家族聚葬，出现了砖室墓和石室墓。

服丧是丧葬礼俗的最后一个阶段，持续的时间也最长。两汉定制，大臣为皇帝服丧日期为三十六天。从西汉后期到东汉时期，服丧三年的风气颇为流行，许多大臣官吏往往去官服丧，其中不少人以此博取恪守孝道的美誉。可以说，人们服丧过程中礼仪往往重于情感，并成为当时社会一种普遍的风气。

秦汉三国时期，厚葬之风盛行。自西汉中期到东汉时期，社会各个阶层在丧葬方面的投入不断增加，耗费了大量的财力物力，造成了一系列比较严重的社会问题，引起了一些上层人士的关注和批评。不少人身体力行，提倡薄葬，对当时的不良风气起到了一定的纠正作用。例如，曹操就遗令薄葬：自己戴好头帻，穿平时的衣裳装殓，百官哭临时“十五举音”，下葬后即可除去丧服，将帅兵士各安其职，葬址选在邺地的西冈，不得随葬金玉珍宝。曹操的薄葬有利于稳定战时曹魏政权固有的局面，从某种意义上讲，确实为一种开明之举，对当时丧葬风气产生了较大的影响。

三、节　　庆

1. 概况

中国古代许多传统节日萌发于先秦时期，在社会政治、经济和文化诸多因素的影响下，发展到汉代基本定型。据有关史料记载和研究考证，这一时期主要有正旦、立春、正月上丁日、正月上亥日、社日、上巳、五月五、夏至、伏日、八月节、冬至、腊日等，与现在流传于民间的元旦、除夕、元宵节、上巳、端午节、寒食、清明、七夕节、重阳节等传统节日都有密切的渊源关系。

2. 重要节庆

元旦。指新年的第一天，汉武帝太初元年（前 104 年）确立了以夏历正月初一为“岁首”，称作“正旦”或“正日”。在这一天，全国上下都要举行各种仪式进行庆贺。朝廷要进行朝会、朝宴、祭陵，以及歌舞、宴乐、百戏、辩经等娱乐文化活动；民间则燃放爆竹，祭祀祖先，全家饮椒柏酒，喝桃汤，亲友间相互走访恭贺新年。汉代元旦有一些风俗，如放生斑鸠、不毁坏器物、画鸡于门户上。其中放生斑鸠一则，相传与刘邦有关，刘邦为躲避项羽追杀，藏于荥阳一枯井之中，项羽见两只斑鸠落在井

口，以为井中如果有人，斑鸠便不会聚落，刘邦因此逃过一劫。

除夕。与腊日（十二月初八）有着密切的渊源。腊日是正旦之前最为重要的一个节日，亲人在腊日这一天相聚团圆。腊日还要举行大规模的驱傩活动，通过一系列仪式驱鬼避疫。朝廷在腊日前一天举行驱傩仪式，称作“大傩”，选年龄在10～12岁之间的黄中子弟120名，戴红头巾，手持大鼗（拨浪鼓），在由中黄门、冗从仆射装扮而成的专管驱鬼的方相氏、十二兽的率领下，逐恶鬼于禁中，一边舞蹈，一边高喊驱鬼口号，环绕周遍三次，然后手持火把将鬼疫赶出端门。等候在端门外的骑兵接过火把，驰出宫门，传递给司马门外的五营骑士，由他们将火把扔进洛水。这种仪式有逐除之义，意味着除旧迎新，祈求吉祥平安。

元宵节。源于汉武帝在正月十五日祭祀“泰一神”，祭祀从黄昏开始，张灯结彩，通宵达旦。人们在新年第一个满月之时祷告神灵，以求美满团圆。佛教传入后，佛教徒在元宵节这一天举行燃灯法会，纪念佛祖释迦牟尼神变降服神魔。东汉道教初步形成后，以正月十五日为上官圣诞日，因此元宵节也称为上元节。

上巳。夏历三月上旬的第一个巳日称作“上巳”。由于开春三月时节是疾病和瘟疫的高发期，人们通过出游到水边进行洗浴来驱除疾病，所以又称作“大絜”或“禊禊”，即沐浴清洁和祈福除灾的仪式。人们往往也在上巳日踏青宴饮，让身心得到清洁与放松。据《后汉书》记载，袁绍曾经于三月上巳日在薄落津大会宾徒。

端午节。即夏历五月初五，又称端五，源于民间祭神驱疾的仪式活动，东汉后期开始将五月五与纪念屈原联系在一起。人们用五彩丝系在臂上，认为能够避兵驱鬼。因为端午节始于夏至日，汉代夏至日有吃粽子的风俗，因而，人们逐渐将粽子视为祭品，并以此纪念屈原。传说东汉光武帝时期，一个叫作欧回的人，白天忽然见到三闾大夫屈原，称每年投入水中的祭品大多为蛟龙所食，如果用楝叶包裹，用五彩丝缠绕，蛟龙因惧怕二物而不敢吞食。于是，人们做粽子时常用楝叶与五彩丝裹缠。汉末魏晋以后，人们将赛龙舟也视为纪念屈原的一项重要活动。据《荆楚岁时记》记载：“五月五日竞渡，俗为屈原投汨罗日，伤其所死，故命舟楫以拯之。”可知，流传至今的端午节是中国古代起源很早、有着特殊意义的传统节日。

寒食和清明。作为中国古代传统节日在秦汉三国时期还没有定型，当时二月社日有祀冢活动，时间接近清明节气，因而清明时扫墓祭洒可能与之有关。

七夕节。即夏历七月初七，是汉代民间一个重要的节日。传说七月七日牛郎织女相会，于是人们将这一天定为纪念日。又传说七月七日彩女们要在开襟楼用彩线穿针孔七针，由于织女善织“云锦天衣”，于是要向她乞巧，因而七夕又名“乞巧节”。在七夕节，民间还有晒棉衣和晒书的习俗。

重阳节。即九月初九，在两汉时期基本定型，人们在这一天饮菊花酒、佩茱萸、登高处，以达到健身驱邪的目的。汉魏以后，重阳节主要以登高游玩为节日内容。

四、娱　　乐

秦汉三国时期的游戏娱乐活动丰富多样，大致可分为益智和竞技两类。益智类的娱乐活动主要是指各种棋类活动，有六博、围棋、塞棋、弹棋、樗蒲等。

六博。又称陆博，可能在商代就已经出现了，战国时期广为流传，秦汉时期最为盛行。据《西京杂记》记载，六博在城市中较为普及，汉初的几位皇帝也都是六博的爱好者。长安有位叫作许博昌的人编写过一套六博棋口诀，押韵易记，三辅周边的儿童们都能背诵。从现有史料记载相关汉墓出土的六博棋具和一些汉代六博戏画像石来看，六博流传于广阔的黄河、长江与珠江流域，深受社会各个阶层的喜爱。棋具主要由局、棋子、箸或茕组成。局，用方形或长方形木板制成，上有十二曲道，中间有一方框。棋子，一般为木制或骨制，分为两种，一种是六黑六白两组共十二枚棋子，一种是一大五小共六枚棋子。箸，是一支细长中空的半边竹管，长约 23.5 厘米，博戏需用六根箸。茕，又称“琼”，是呈16～22面的球体。六博的玩法现在已不得而知，大概是通过投箸或茕来行棋。据有关汉画像石显示，六博动作幅度较大，游戏性很强，输方还要饮酒，饮酒过多心气难平、自控力下降，往往会引发争执，甚至闹出人命，因此，过度沉溺于六博会带来不良后果。西汉文帝时期，太子刘启与吴王刘濞的太子玩六博时，因争棋道而用棋盘将吴王太子打死，成为吴王刘濞叛乱的借口之一。六博在汉魏之后由于形式趋于烦琐而走向衰落，南北朝后期人们已经不知道六博的具体玩法了。汉代有用象牙制成的六博棋子，故六博又称作“象棋”，可能就是象棋的来源之一。

围棋。又称“弈”，秦汉三国时期主要流行于文人与贵族中，对智力和技艺的要求很高。汉代时围棋形制已经有了纵横十七道的棋盘，棋子呈方形。围棋在这一时期不仅是棋类游戏，而且逐渐成为一种颇具人文哲理意蕴的文化现象，出现了许多围棋专论，班固的《弈旨》就比较有名；还出现了许多围棋高手，曹操就善于对弈。东汉末期社会下层中流行着一种简易围棋，叫作夹食，棋子分黄黑两色，对弈双方各持十七枚，横排在第四棋道上，沿道而行，两棋夹吃一棋。总之，这一时期围棋的普及范围还不及六博。

塞棋。先秦时期已经出现，与六博相似，但没有箸或茕。塞棋在汉代有称“格五”，“簺白乘五，至五格不得行，故云格五”。据史料记载，西汉的吾丘寿王和东汉贵族梁冀都精于塞棋。

弹棋。大约出现在西汉后期，汉魏时期较为流行，据说前身是宫中女子的“妆奁戏”，三国曹魏后宫中常以弹棋为乐。弹棋的玩法可能与蹴鞠有关，讲求手法和技巧，棋局用石料制成，游戏双方各有六枚棋子，模仿蹴鞠将棋子弹出。弹棋流行于上层社会，梁冀和曹丕都是弹棋的爱好者。

樗蒲。大约在东汉中后期从西域传入中原。棋具有枰、五木、杯、矢（兵）、马。枰是棋盘，五木是投掷棋具，杯是投掷五木的容具，矢和马是棋子。樗蒲的玩法大概是通过投掷五木来决定矢和马的行进。东汉三国时期，樗蒲流行于上层社会。据《三国志》记载，曹魏的游楚和吴国的诸葛融都以樗蒲为戏。樗蒲在两晋南北朝时期在社会各个阶层普及开来，深受人们的喜爱。

除了棋类，猜谜也是一种益智类的娱乐活动，包括射覆和隐语。射覆，据《汉书·东方朔传》颜师古注记载，“于覆器之下而置诸物，令闇射之，故云射覆”，是一种猜物游戏，西汉东方朔精通射覆。隐语，一般将要猜的话隐藏在诗文中，猜者通过拆字法找出谜底。隐语流行于上层和文人中间，西汉的郭舍人、东方朔和东汉的孔融、曹操、杨修都善猜隐语。东汉末年流传的“千里草，何青青，十日卜，不得生”是有名的隐语。“千里草”是“董”

字的拆写，“十日卜”是“卓”的拆写，这首隐语的真正意思是“董卓不得生”，预言了董卓的死亡。

竞技类的娱乐活动主要有蹴鞠、击壤、投壶、狩猎、角抵、观赏斗兽等。蹴鞠，又称“蹋鞠”，是一种古老的球类活动，战国时期已经出现，球体用革制成，内填毛发。球场称作“鞠城”或“鞠域”，呈方形，四周设有围墙，场中有十二个球门，比赛双方各有六人。在汉代，除了以上的多人蹴鞠之外，还有双人蹴鞠和单人蹴鞠。蹴鞠活动主要流行于皇室贵族和市井子弟中，如东汉皇宫中设有含章和灵芝鞠室，“穷巷蹋鞠”的景观在城市中也比较常见。

击壤。是汉魏时期下层社会比较流行的投掷游戏。壤，木制，前宽后尖，长约 31 厘米，宽约 7 厘米，形状似履，游戏开始之前，先在 20 米外立一壤，然后用手中的壤投掷，击中者为胜。

投壶。先秦时期已经出现，到汉代十分流行，是上层社会宴饮席间的游戏活动。投壶器具包括壶和矢，壶“颈修七寸，腹修五寸，口径二寸半”，矢用柘木或棘木制成。游戏开始之前，参与者要揖让先后次序，然后在一定距离外将矢投掷向壶，矢头进入壶中者为赢，输方要罚酒或给赢方物品。因此，投壶是宴饮中的“讲论才艺之礼”。

狩猎。是上层皇室、贵族和富人喜爱的娱乐活动，特别是皇帝狩猎，是显示皇家威仪和气派的传统仪式。狩猎之日，皇帝带领皇室宗亲、文武大臣，在大型的皇家林苑里射猎野兽，汉大赋对此有铺陈夸饰的描摹，令人叹为观止。一般贵族、官吏多以狩猎为时尚，牵犬放鹰，逐兔猎兽，集习武、娱乐为一体，也是身份地位的象征。汉代普通百姓中比较流行弹丸射鸟，以射杀鸟雀为乐。

角抵。是秦汉时期一种带有表演性质的摔跤活动。角，即角技；抵，为相抵触。角抵一般是上层社会喜爱的娱乐活动。汉武帝元封三年（前108年）和元封六年，长安举行了两次规模盛大的角抵表演，吸引了京师及周围一百五十公里众多百姓观看。可见，角抵在汉代已为社会各个阶层所熟知。两汉时期，角抵在外交往来中也扮有重要的角色，朝廷经常安排角抵表演来款待外国来宾。

观赏斗兽。主要有斗鸡、斗鸭、斗狗、斗鹅、赛马等游戏。斗鸡最为盛行，一些出土的汉画像砖画有斗鸡的场面，许多诗文也有关于斗鸡的描述，人们通过观赏斗鸡寻求刺激和快感。汉代观赏斗兽的一些风俗保留至今，现在许多地区还有斗鸡、斗羊等民间娱乐活动。

儿童游戏主要以室外游戏为主，儿童们常常相聚在一起用泥土、瓦砾或草木做道具，模仿成人的生活场景，称作“儿戏”，相当于现在儿童玩的“过家家”。此外，骑竹马、打帛幡、排行伍等带有军事色彩的游戏与掩雀、捕蝉、弈棋、戏钱等成人化的游戏也颇受儿童的喜欢。儿童玩具种类较多，有金属质地的各种动物造型，以及蒲人、杂妇、百兽、泥车、瓦狗、马俑、骑俑、铁剑、铁刀、风车等。汉代社会，人们不注重儿童在游戏中培养开发才智与能力，形成了强调读书、贬低玩耍的传统教育模式，至今还影响着人们的教育心理和行为。